Peter Cornelius Mayer-Tasch

König Enzio von Sardinien

Gespräche mit dem letzten Staufer
jenseits von Zeit und Raum

Manuela Kinzel Verlag

Meinem Sohn

Adrian Enzio Mayer-Tasch

gewidmet

Inhalt

Statt eines Vorwortes

Was üblicherweise im Vorwort zu stehen pflegt, wird der Leser hier im Buchtext selbst finden – auch die Erwähnung jenes Mannes, mit dem der Autor als Abiturient die ersten Annäherungsgespräche über den „Enzio" führen konnte. Seiner möchte er an dieser Stelle ehrend gedenken. Es war der als Musiker, Aquarellist und Gelegenheitspoet vielseitig talentierte Antiquar *Alfred Kümmerle* (1920-2010), dessen – erfreulicherweise noch immer in Familienhand befindliches – Antiquariat für das Stauferland nichts weniger als eine kulturelle Institution war. Möge er aus jenem Himmel der Bibliophilen, der nunmehr sein Teil ist, auch auf dieses Büchlein wohlwollend herabsehen. Dies jedenfalls hofft

Peter Cornelius Mayer-Tasch

München/Schondorf am Ammersee, Spätsommer 2019

Prolog –
Warum dieses Buch?

Offen gesagt, ist dieses Buch in allererster Linie ein Versuch der Selbstbefreiung von einer fixen Idee. Jetzt, da ich mich anschicke, es niederzuschreiben, im Alter von achtzig Jahren nämlich, sind es ziemlich genau sechzig Jahre her, dass der Wunsch entstand, mich mit Enzios Schicksal zu befassen. Dieser Wunsch hat mich niemals verlassen. Er wurde lediglich durch die mir während meiner akademischen Laufbahn auferlegten Pflichten und die von mir freiwillig übernommenen Zusatzaufgaben überlagert, nicht aber aufgegeben. Auch ist es nicht so, dass ich nach der Devise handeln würde, dass ein rechter Mann einen Sohn zeugen, einen Baum pflanzen und ein Buch schreiben müsse, um sich als solcher zu bewähren. Ginge es danach, so hätte ich zweifellos längst ein Übersoll erfüllt. Außer drei Töchtern habe ich zwei Söhne gezeugt, die mir wiederum fünf Enkeltöchter und sechs Enkelsöhne geschenkt haben. Auch habe ich im Laufe meines Lebens weit mehr als hundert Bäume gepflanzt und pflanzen lassen. Die Zahl der von mir verfassten und herausgegebenen Bücher nähert sich der Zahl meiner Lebensjahre, wenn ich richtig gezählt habe. Sie stehen im Internet, in Nachschlagewerken, Bibliotheken, Buchhandlungen und privaten Bücherregalen. Noch nie aber habe ich ein Buch zu schreiben begonnen, ohne wirklich zu wissen, wohin mich die Niederschrift führen würde. Stets gab es eine – durch erkennbare Umstände, Problemlagen, Zielvorgaben, Sachverhaltserhebungen und sonstige Rahmenbedingungen – mehr oder minder klar umrissene Vorstellung vom voraussichtlichen Inhalt und Ergebnis eines begonnenen Buchprojektes. Hier aber werde ich wohl erst dann, wenn die letzte Zeile geschrieben und die Feder niedergelegt ist, wissen, warum mich das Bedürfnis, dieses Buch zu schreiben, so lange begleiten konnte. Zumindest beginne ich die Niederschrift in dieser Hoffnung.

Als Rechts-, Politik- und Kulturwissenschaftler war es mir stets ein Bedürfnis, Probleme zu erforschen, darzustellen und möglichst auch einen (zumindest theoretischen) Beitrag zu ihrer Lösung zu erarbeiten – Probleme, die zwar vielleicht auch einen indirekten Bezug zu mir selbst haben mochten, jedenfalls aber von allgemeinem soziokulturellen oder soziopolitischen Interesse waren. Insofern war die Auseinandersetzung mit diesen Themen für jeden Leser nachvollziehbar. Im konkreten Falle aber verhält es sich ganz anders. Als Autor begebe ich mich auf eine Abenteuerreise, deren Verlauf und Ausgang offen ist. Zu einem kleinen Abenteuer könnte sie mithin auch für Diejenigen werden, die mich auf dieser Reise als Leser begleiten. Sich darauf geistig und seelisch einzulassen, könnte vielleicht für solche Leser von Interesse sein, die ebenfalls auf der Suche nach einer Antwort auf die Frage sind, warum sie die eine oder andere Thematik ständig begleitet, ohne dass es einen leicht einsehbaren oder gar „zwingenden" Grund hierfür gäbe. Dem Autor wird jedenfalls nichts anderes übrigbleiben, als sich behutsam an seine Schlüsselgestalt heranzutasten, sich die ersten Begegnungen mit ihr in Erinnerung zu rufen, aus der Entfernung von Jahrhunderten einen genaueren Blick auf ihren Schicksalsweg zu werfen und dann vielleicht sogar (soweit dies über Zeit und Raum hinweg möglich und aussichtsreich erscheint) das direkte Gespräch mit ihr zu suchen, wo die historischen Quellen schweigen. All dies in der Hoffnung, dann endlich besser zu verstehen, warum ihn sein Genius so nachdrücklich und nachhaltig auf diese Spur verwiesen hat.

Peter Cornelius Mayer-Tasch

München/Schondorf am Ammersee Herbst 2018

1. Erste Begegnung
oder: Im Stauferland

Mein Elternhaus stand (und steht noch immer, wenn auch inzwischen in anderen Händen) fast im Sichtkreis des Hohenstaufen, nach dem sich das schwäbische Adelsgeschlecht der Herren von Büren benannte, nachdem es seinen Wohnsitz vom heutigen Wäschenbeuren, einer reizvoll in die dem Albtrauf vorgelagerte Hügellandschaft zwischen (dem heutigen) Göppingen und (dem heutigen) Schwäbisch Gmünd, auf den stattlichen Bergkegel des „Hohenstaufen" (in alten Quellen „stouf") verlegt hatte, dessen weit ins Land hinaus weisende majestätische Anmutung sowohl offenkundige strategische als auch nicht minder offenkundige auratische Vorteile bot.

Als erster – dank einer von Kaiser Friedrich I. (genannt „Barbarossa") veranlassten Stammtafel genealogisch klar nachweisbarer – Staufer gilt ein mit einem Breisgauer Grafengeschlecht verschwägerter Friedrich, dessen Vorname dann zum Leitnamen des Geschlechtes werden sollte. Spätestens sein gleichnamiger Enkel nannte sich nach einer Burg „Büren" bzw. Buron, von der nicht eindeutig feststeht, ob ihr Standort mit dem des heutigen „Wäscherschlosses" in Wäschenbeuren identisch war, Friedrich von Büren. Er scheint seinen Einflussbereich bereits soweit ausgedehnt zu haben, dass auch er (wie schon sein Vater) den Titel eines

Pfalzgrafen führen konnte. Der steile Aufstieg des Geschlechtes erfolgte allerdings erst mit dem vierten Friedrich, der dem wegen des Investiturstreites in einen erbitterten Konflikt mit Papst Gregor VII. geratenen deutschen König Heinrich IV. die Treue hielt und dafür eine Standeserhöhung erfuhr. Heinrich gab ihm seine einzige Tochter Agnes (von Waiblingen) zur Frau und ernannte ihn im Jahre 1079 zum Herzog von Schwaben. Dieser war es, der den schon von seinem Vater eingeleiteten Umzug auf den Hohenstaufen durch den Auf- und Ausbau einer mächtigen Burg besiegelte, nach der sich das Geschlecht künftig benannte und unter deren Namen es als eines der glanzvollsten Herrschergeschlechter in die deutsche und abendländische Geschichte des Mittelalters eingehen sollte.

Dass „der" und „die" Hohenstaufen im Umkreis ihrer schwäbischen Stammburg zu Namensgebern für die unterschiedlichsten Einrichtungen, Bauwerke und Unternehmungen wurden, ist kaum verwunderlich. Wenigstens ein Partikel jenes Glanzes, der das Geschlecht einst umgeben hatte, sollte auch auf die in ihrem einstigen räumlichen Umfeld Werkenden und Wirkenden fallen. Und so konnte es denn auch nicht ausbleiben, dass der Autor seine Gymnasialzeit in dem – seinem Wohnort nächstgelegenen – Göppinger „Hohenstaufen-Gymnasium" absolvierte. Das heutige Dorf Hohenstaufen, das den Bergkegel im Halbkreis umfängt, gehört zum Landkreis Göppingen. Die Kreisstadt fühlt sich nicht zuletzt deshalb berufen, den Hohenstaufen und die Geschichte des nach ihm benannten Geschlechtes im Erinnerungsschild zu führen, obwohl sie – im Gegensatz zu dem nahen, im besonderen Maße traditions- und kulturbewussten Schwäbisch-Gmünd – keine Staufergründung ist. Die Burg Hohenstaufen selbst, deren Spätform ein Fresko in der gotischen Göppinger Oberhofenkirche aus dem 15. Jahrhundert zeigt, wurde im Bauernkrieg von 1525 niedergebrannt und nicht wiederaufgebaut. Umso lebendiger ist aber die Erinnerung an die von den späteren Staufern geprägte Hoch-Zeit des Heiligen Römischen Reiches. Dass sie so recht dazu angetan war, die Vorstellungs- und Gemütskräfte eines ohnedies vielseitig interessierten, die umfangreiche historisch-politische Bibliothek seines Vaters intensiv nutzenden (und als Sportarten Säbelfechten und Reiten bevorzugenden) Knaben zu beflügeln, ist leicht nachzuvollziehen. Und dies umso mehr, als Mitte der fünfziger Jahre des 20. Jahrhunderts der Rückblick auf die jüngere deutsche Geschichte auch dann wenig erhebend erscheinen musste, wenn man ausnahmsweise Grund hatte, auf das Verhalten der eigenen Familie stolz zu sein, wie dies beim Autor der Fall war und ist.

Stolz war ich auch, wenn ich beim Göppinger „Maientag", dem zur Erinnerung an das Ende des Dreißigjährigen Krieges ab 1650 gefeierten Göppinger Stadtfest, hoch zu Ross und angetan mit Helm und Kettenhemd die Stauferfahne mit den drei schwarzen Löwen auf goldenem Grund im Festzug durch die Hauptstraßen der Stadt führen durfte. Der Phantasie boten solche Gelegenheiten jedenfalls genügend Möglichkeiten und Anlässe zu geistigen Ausflügen in die mehr oder minder glanzvollen Hoch- und Unzeiten der von den Staufern geprägten Epoche, zumal man deren Spuren auch in der landschaftlich ungemein reizvollen Landschaft der Schwäbischen Voralb mit ihren markant und harmonisch zugleich aufragenden (geologisch als „Zeugenberge" teilweise abgetragener Erhebungen firmierenden) sog. Drei-Kaiser-Bergen Staufen, Stuifen und Rechberg auf Schritt und Tritt begegnen kann. Das zwischen Göppingen und Schwäbisch Gmünd gelegene, von den Staufern als Hauskloster und Grablege gegründete Kloster Lorch gehört zu diesen Zeugnissen ebenso wie verschiedene romanische Kirchen in und im Umkreis der Stauferstadt Schwäbisch Gmünd, aber insbesondere auch die in loser Folge um den Hohenstaufen gruppierten Burgen und Burgruinen der einstigen staufischen Verwandten, Ministerialen und Vögte (Berta-Burg, Hiltenburg, Scharfenschloss, Ramsberg, Burg Staufeneck, Burg Rechberg usw.), die dem geschichtsbegeisterten Gymnasiasten und Abiturienten genügend Anregungen boten, sich insbesondere in die Geschichte des 11.-13. Jahrhunderts zu vertiefen. Eine mit seinen Eltern unternommene Reise zum kulturellen Zentrum des normannisch-staufischen Sizilien – nach Palermo also und Monreale – taten ein Übriges, um auch den Schicksalsweg der Staufer nach Süden räumlich nachzuvollziehen. Und da sich zu der aus der Regionalhistorie gespeisten Geschichtsbegeisterung auch eine ausgeprägte Liebe zu schöngeistiger Literatur gesellte, sollten sich diese beiden geistigen Orientierungen schon bald zu ersten literarischen Versuchen verbinden. Ein kurz nach dem Abitur im Jahre 1957 entstandenes Poem des Autors mag dafür Zeugnis ablegen:

Im Stauferland

Birnblatt glänzt
im Morgenlicht –
klarer Tag und weite Sicht.

Roter Dächerkranz umfließt
den Staufen, der von fernher grüßt.
Längst verweht durch Zeit und Raum
der einst so stolze Staufertraum:
Südliche Kronen, sonniges Land –
bunte Herrschaft von Strand zu Strand
dank eisengepanzerter Heere
bis hin zum Sizilischen Meere.

Birnblatt träumt
im Abendlicht –
Dämmerstunde, schwindende Sicht.

Schon in jener geistig und seelisch ungemein bewegten Zeit zwischen Abitur und Studienbeginn beschäftigte mich merkwürdigerweise das zunächst glanzvolle und schließlich tragische Schicksal eines der beiden Lieblingssöhne Kaiser Friedrich II. (1194-1250), König Enzio von Sardinien, in besonderem Maße. Zwar erinnere ich mich nicht mehr, wann ich zum ersten Mal auf ihn aufmerksam wurde, wohl aber, dass es ein leicht verblichenes Novellenbändchen aus der väterlichen Bibliothek war, in dem ich auf eine abenteuerliche Episode aus Enzios Leben stieß, die mich in ihren Bann schlug und seither nie mehr loslassen sollte.

Was folgte, waren einschlägige Gespräche mit einem eminent belesenen Antiquar „der guten alten Art", dessen mit bibliophilen Kostbarkeiten, Halb-Kostbarkeiten und alten Stichen vollgestopfte Schatzhöhle mir zu einem ebenso anregenden wie beruhigenden Ort der Zuflucht aus dem – sich dem Abiturienten nun eröffnenden – Reich der (fast) unbegrenzt erscheinenden Möglichkeiten wurde. Da der Herr und Hüter dieses – meine väterliche Bibliothek aufs Schönste erweiternden – Schmöker-Tempels seinen privaten Wohnsitz direkt am Fuß des Kaiser-Berges hatte, fand ich in ihm einen für mein Interesse an der Staufer-Geschichte besonders aufgeschlossenen Gesprächspartner. Und es war denn auch im Austausch mit ihm, dass ich zum ersten Mal die Absicht bekundete, mich in die Geschichte des glücklich-unglücklichen Königs zu vertiefen. Auch als mich mein Studien- und Berufsweg längst in ganz andere

Gefilde geführt hatte, blieb ich seinem Antiquariat noch lange als Kunde verbunden und wurde von ihm auch immer wieder auf dieses Projekt angesprochen. Wie ich jüngst erfuhr, weilt er heute nicht mehr unter den Lebenden. Es wäre mir jedenfalls eine große Freude gewesen, wenn ich ihm das Ergebnis meiner Abenteuer-Reise in das eigene Unterbewusstsein (und eine solche ist es zweifellos) noch hätte überreichen können. Und dies umso mehr, als es zu den Grundüberzeugungen meiner in einem langen Leben gewonnenen Erfahrungen gehört, dass man die mit hinreichendem Grunde begonnenen Unternehmungen auch zu Ende führen sollte.

Fürs Erste freilich musste das Projekt nun in einer der (zugegebenermaßen vielen) Schubladen meines Herzens verschwinden, da der Studienbeginn vor der Türe stand und ich „zum Städtele naus" musste, um mich dem am Hauptportal der Tübinger Universität fordernd prangenden „Attempto" zu unterwerfen. Das auf väterlichen Wunsch *nolens volens* begonnene (zunächst) Jura- und dann (mit Begeisterung fortgesetzte) Politik- und Philosophiestudium sollte mir dann in den folgenden Jahren auf meinem Weg durch neun in- und ausländische Universitäten nicht mehr allzu viel Muße lassen, zumindest vordergründig fachfremde Steckenpferde zu reiten. Und dies umso weniger, als mir auch in den dem Studium abgerungenen Freiräumen ganz andere Sterne leuchteten.

2. Zweite Begegnung
oder: Bologneser Annäherungen

Fürs Erste hatte der vor meinem geistigen Auge vorübergehend zum Leben erwachte Enzio nun erst mal seine (Seelen-)Ruhe vor mir und konnte sich wieder in den Schoß der Geschichte zurückziehen. Mir gefällt die Vorstellung, dass er diese (wie ich hinzufügen muss) Zwischenruhe in unmittelbarer Nähe seines Urgroßvaters Friedrich Barbarossa genoss und nicht bei den Dominikanern in Bologna, um deren Kloster weder weise Raben kreisen noch ein Auferstehungs-Adler auf seine Stunde lauert. Schließlich hat die deutsche Volksseele den im Juni 1190 auf dem 3. Kreuzzug im anatolischen Fluss Saleph bei Seleukia (wohl nach einem Herzschlag) ertrunkenen „Kaiser Rotbart lobesam" (Ludwig Uhland) auch nicht im fernen, heißen Antiochien (wo sein Fleisch bestattet wurde) und in Tyros (wo seine Gebeine ruhen) zurückgelassen, sondern in die kühlen Tiefen des heimischen Kyffhäuser überführt. Dort nämlich hatte Enzios Vater Friedrich II. seit dem späten Mittelalter seinem in Deutschland sehr viel populäreren Großvater Barbarossa als Sagengestalt weichen müssen. Enzio freilich, dem in der zweiten Hälfte seines Lebens diese Art von familiärer Nähe und Wärme versagt war, dürfte auch ein solcher Ort für einen Zwischen-Schlummer recht gewesen sein. Wenn es schon der ihm emotional sehr nahestehende Vater nicht sein konnte, in dessen Nähe er sich ausruhen konnte, so wenigstens der hochberühmte Urgroßvater, der sich freilich schon gut dreißig Jahre vor Enzios Geburt (ca. 1217/8) „zu seinen Ahnen gesellt hatte", wie man einst zu sagen pflegte.

Während sich Enzio nun also fürs Erste wieder aus meinem Bewusstsein zurückzog, füllte sich mein wacher Verstand mit einer wachsenden Fülle mehr oder minder bedeutsamen Wissens. Die Universitäten von Tübingen, Würzburg, München, Heidelberg, Mainz, Strassburg, Coimbra und Oxford zogen an mir (und ich an ihnen) vorüber. Ich sammelte Diplome und erwarb schließlich auch noch einen mit einer prächtigen blauen Feder geschmückten Hut. Dies allerdings nicht dort, wo man den Titel eines Doktors beider Rechte („iuris utriusque et canonici") seit dem Hohen Mittelalter zu erwerben pflegte – an der altehrwürdigen, im Jahre 1088 von dem Großglossator des Römischen Rechts Irnerius gegründeten Universität Bologna. Dorthin zog es mich erst nach der Promotion mit dem erklärten Ziel, meine rechts- und politikwissenschaftlichen Studien mit einem Diplom in „International Law and International Politics" an der erst 1955 gegründeten „Università americana" (wie die Bolognesen sagten) abzuschließen – am Bologna Center nämlich der Johns Hopkins University, dessen Pendant im chinesischen Nanking ich Jahrzehnte später als Rektor der Münchner Hochschule für Politik mit einer deutschen Delegation besuchen sollte. Bologna, in Italien als „la dotta e la grassa" berühmt, war auch den meisten der ca. fünfundachtzig im Universitätsjahr 1964/5 am elitären Bologna-Center Studierenden aus aller Welt eher ein Forum genussorientierter Lebensfreude und zukunftsorientierter Information, Disputation und Spekulation denn ein Ort historischer Besinnung. Und dies, obwohl die von Kriegszerstörungen fast völlig verschont gebliebene Metropole der Emilia-Romagna wie ein Stein gewordenes Geschichtsbuch anmuten konnte und bei einschlägig Kundigen und Interessierten auf Schritt und Tritt historische Reminiszenzen wachrief. Dies freilich galt für die wenigsten meiner Kommilitonen. Die meisten strebten eine Karriere im Diplomatischen Dienst, in internationalen Organisationen oder auch in der internationalen Finanzbranche an. Für mich lagen die Dinge etwas anders. Mein erklärtes Berufsziel war die Academia, und ich war auch neben dem Diplomstudium am Bologna Center bereits mit einigen wissenschaftlichen Projekten befasst. So etwa mit der (übrigens ersten deutschen) Edition der „Verfassungen Europas" sowie einer Edition des „Second Treatise on Government" von John Locke, die auch heute noch, nach einem halben Jahrhundert, auf dem Buchmarkt präsent ist. Hinzu kam, dass ich längst „sentimentalmente legato" war und sich meine Hingabe an den hedonistischen *Genius loci* in engen Grenzen hielt. In diesem meinem (wie sich herausstellen sollte) letzten Studienjahr hätte eigentlich wenig Anlass bestanden, mich wieder dem Schicksal König Enzios zuzuwenden. Ja, „eigentlich" – wenn sich nicht just dort, wo mich meine Wege fast alltäglich und allabendlich vorbeiführten, im

Herzen der Stadt nämlich, unweit der Basilika *San Petronio* und neben der *Piazza Maggiore* der unübersehbar stattliche *Palazzo Re Enzo* erhoben hätte. Dass dieses von welfischen Schwalbenschwanz-Zinnen bekrönte, ebenso imposante wie anmutige Gebäude die Erinnerung an das teils glanzvolle, teils tragische Leben König Enzios wieder wachrufen musste, bedarf kaum besonderer Betonung. Innerhalb und im weiteren Umkreis seiner Mauern sollte sich in den Jahren 1249-1272 das Schicksal des letzten männlichen Staufers erfüllen. Nicht nur bei meinen Gängen über die *Piazza Maggiore* (auf der sich die männlichen Bolognesen zu meiner Studienzeit allabendlich zum Feierabend-Plausch zu versammeln pflegten) und über die Piazza Nettuno mit der barocken Neptun-Skulptur von Giambologna wandten sich meine Gedanken ihm zu.

Auch die studentischen Hochfeste wurden im Palazzo Re Enzo gefeiert – dort, wo es für ihn wenig zu feiern gab. Dies wenigstens war mir nur allzu bewusst, wenn ich dort ausnahmsweise einmal zugange war. Dass dort in jenen mittleren 60-er Jahren selbst für Studenten Smoking als Abendbekleidung vorgeschrieben war, empfand ich zwar als kurios, aber letztlich der Würde des Ortes und der zu jener Zeit (im Gegensatz zu meinen späteren Erfahrungen) sich unter den Arkaden und auf den Plätzen Bolognas präsentierenden Eleganz angemessen – einer Eleganz, die umso erstaunlicher war, als die Stadt zu jener Zeit einer (freilich in ganz Italien wegen ihrer Effizienz als vorbildlich angesehenen) kommunistischen Stadtverwaltung unterstand.

Auch diese zweite Annäherung an meinen früh entdeckten Fixpunkt blieb jedoch Episode. Statt nach dem Bologneser Diplom noch ein weiteres Studienjahr in Washington anzuhängen (wie ursprünglich geplant), ergab sich für mich der Einstieg in die akademische Laufbahn an einem Lehrstuhl für Öffentliches Recht und Rechtsphilosophie der Johannes-Gutenberg-Universität Mainz. Von nun an nahm mich meine akademische Karriere jahre- und jahrzehntelang so sehr in Anspruch, stellten sich mir so viele thematische und institutionelle Herausforderungen, dass Enzio erneut in den Schatten der Geschichte zurücktreten musste. Wie nahe er aber meinem Herzen auch dann noch blieb, mag auch im Rückblick der Umstand belegen, dass ich meinen sechs Jahre nach dem Bologneser Diplom geborenen ersten Sohn Adrian Enzio nannte. Ich fürchte, dass er (der inzwischen an einem Münchner Gymnasium als Studiendirektor wirkt) mit diesem seinem zweiten Vornamen nie viel anfangen konnte. Und vielleicht muss ich mich auch deshalb auf diese Suche nach den Ursachen meiner Fixierung auf das Schicksal dieses dem allgemeinen Bewusstsein so fernen Staufers begeben, um ihm diesen Namen ein wenig näher zu bringen.

3. Dritte Begegnung
oder: Der Schwarze Dom von Ardara

Jahre familiärer Großereignisse, intensiver akademischer Arbeit, ausgedehnter Vortragsreisen, Gastprofessuren und sich in die Schweiz und die U.S.A. ausdehnender Wohn- und Lebensverhältnisse gingen dahin und verwiesen frühere Planungen ins zweite und dritte Glied. Erst eine auf Initiative des Kölner Romanisten (Prof.) Andreas Wacke zustandegekommene Vortragseinladung an die Universität der nordwestsardischen Metropole Sassari brachte mich in den 90-er Jahren des 20. Jahrhunderts wieder in Kontakt mit dem Staufer. Seinen Status als Hauptstadt des ehemaligen Judikates und dann Königreiches Torres und Gallura hatte Sassari nämlich König Enzio zu verdanken, der nach seiner Heirat mit der Erbin von Torres und Gallura, der „Judikessa" Adelasia, den Regierungssitz von Ardara dorthin verlegte. Die von Friedrich II. gegen den Willen von Papst Gregor IX. eingefädelte und durchgesetzte Vermählung Enzios mit Adelasia erfolgte jedoch noch in „Santa Maria del Regno", dem sogenannten Schwarzen Dom von Ardara, in der Adelasia (1207-1277) später auch beigesetzt wurde.

Auf dem Weg vom Flughafen nach Sassari bat ich daher auch den von der Rechtsfakultät beauftragten Fahrer, der mich in Olbia abgeholt und quer durchs Land chauffiert hatte, um einen Abstecher in das in der Mittagshitze brütende, ausgesprochen verschlafen wirkende Ardara. Sehr beeindruckt war ich dann jedoch von dem aus anthrazitfarbenem Lavagestein errichteten, ebenso schlicht wie monumental wirkenden Bau, in dessen kühlem Inneren mit den mächtigen, freskengeschmückten Säulen den einigermaßen ergriffenen Besucher „der Hauch der Jahrhunderte" umfing und für einige Zeit in seinem Bann hielt, zumal ich mir der Implikationen dessen, was sich dort im Oktober des Jahres 1238 ereignet hatte, durchaus bewusst war.

Als ich die – 1107, also mehr als ein Jahrhundert vor jener denkwürdigen Vermählung – errichtete Basilika verließ, geschah etwas Merkwürdiges. Auf dem völlig menschenleeren Platz vor dem Dom tauchte plötzlich eine tiefschwarz gekleidete Dame auf, die mir – einen Segensspruch auf den Lippen – ein oval geformtes, silbern schimmerndes Madonnen-Medaillon in die Hand drückte, dann aber unverwandt weiterging.

Mir war nicht recht klar, wie ich dieses merkwürdige Ereignis einordnen sollte, stand aber auch noch viel zu sehr unter dem Eindruck der ungemein kraftvollen Aura dieses mittelalterlichen Bauwerkes, als dass ich mir viel Gedanken über diese Gabe hätte machen können. Wäre ich offener gewesen, hätte ich diese Gabe aus dem räumlichen Umkreis (della) „Nostra Signora del Regno" (wie die Kirche auch firmiert) wahrscheinlich im Lichte meiner (von meinem einst in einem Zisterzienserkloster aufgewachsenem Vater) ererbten Madonnen-Verehrung gesehen und als Ermutigung im Hinblick auf meine Spurensuche verstanden. Stattdessen blieb mir ein archi-

tektonisches Detail der pisanische Einflüsse verraten-
den, von einem schmalen Biforium durchbrochenen und
mit Bogenfriesen geschmückten Trachyt-Fassade in
lebhafter und nachhaltiger Erinnerung – dass unter die
anthrazitfarbenen Steine einige wenige rötliche Porphyr-
quader gemischt waren nämlich. Ob ich diese eigenarti-
ge Farbkombination schon damals mit Adelasias
Schicksal assoziierte, in dessen Pictogramm die düste-
ren Töne nur von wenigen hellen unterbrochen wurden,
ist mir heute nicht mehr erinnerlich. Später allerdings
fühlte ich mich immer wieder daran erinnert.

Die in den Schoß der Geschichte zurückgesunkene eins-
tige Klein-Metropole des Judikats Torres liegt auf einem die umgebende Landschaft deutlich überragenden
Hügel, von dem sich ein schmales Sträßchen ins Flach-
land senkt. Als wir das bei der Auffahrt so verschlafen
wirkende Städtchen am Spätnachmittag wieder verlie-
ßen, begleiteten uns die neugierigen Blicke zahlreicher
am Ortsausgang auf Mauerbänken aufgereihter Senio-
ren, die dort nun – aus der Siesta erwacht – der Abend-
kühle entgegenplauderten.

In Sassari angekommen, hatte mich auch die Gegenwart
mit all ihren Verpflichtungen und Projekten wieder im
Griff und sollte mich auch in den letzten beiden Jahr-
zehnten meiner offiziellen akademischen Karriere nicht
mehr loslassen. Dem Umstand allerdings, dass sich in
dieser Lebensphase die Jubiläen und Gedenktage zu
häufen pflegen, hatte ich schließlich auch noch eine vierte Begegnung mit meiner fernen Obsession zu verdanken.

23

4. Vierte Begegnung
oder: Ein unverhoffter Fund

Im Jahre 2015 galt es, den 50. Jahrestag der Diplomierung am Bologna Center der *Johns Hopkins University* zu feiern. Wieder kamen sie nun aus aller Welt zu der Stätte ihres einstigen Studien- und Vergnügungseifers angereist – die Angehörigen unserer nicht nur in die Jahre, sondern auch zu Rang und Namen gekommenen Gruppe von Diplomaten, Professoren, Administratoren, Unternehmern, Journalisten und Finanzexperten. Man schwelgte in Erinnerungen, feierte das gelebte und das mehr oder minder gelassen verrinnende Leben. All das galt auch für mich. Ebenso jedoch, wie ich mich auch schon in den Bologneser Studientagen aus den schon erwähnten Gründen etwas am Rande des Geschehens gefühlt und gehalten hatte, empfand ich es auch jetzt wieder. Trotz langanhaltender, schöner Kontakte zu einigen wenigen damals gewonnenen Freunden – einem amerikanischen Kollegen, einem französischen Eurokraten und einem deutschen Anwalt – war mir die vereinsmeierische Alumni-Industrie amerikanischer Elite-Universitäten mit ihren allwöchentlichen Mail-Orgien, Roll-Calls und Funds-Raising-Aktionen zuwider. Umso stärker fühlte ich mich wieder vom Sog der Geschichte ergriffen. Auf einigen dem Festprogramm abgerungenen „Alleingängen" wurde der Ruf aus der Vergangenheit unüberhörbar und sollte mich dann letztlich auch motivieren, die früh entdeckte Spur weiter zu verfolgen.

Bologna 2015

Hab' hier studiert
in heißen Jahren,
aus denen dann in wunderbaren
Ringen sich
mein Leben hob,

Hab' hier studiert
mit allen Sinnen,
im steten Blick auf jene Zinnen,
unter denen sich des lichten Königs
dunkles Schicksal wob.

Beim mittäglichen Gang
durch schattige Arkaden
sich auch nach etlichen Dekaden
das alte Mitgefühl erneut erhob.

In Tagebuch-Notizen und Versen wie diesen versuchte
ich, die mich bestürmenden Erinnerungen und Emotio-
nen zu verarbeiten. Und während mir diese neuerlichen
Bologneser Tage so in einer merkwürdigen Wechsel-
stimmung präsenzheischender Gegenwärtigkeit und
nostalgischer Rückwärtsgewandtheit dahingingen, sollte
ich unversehens eines jener atemberaubenden „Wunder"
erfahren, zu deren – in welchen apokryphen Tiefen der
Vernetzung alles Lebendigen auch immer erfolgenden –
Vorbereitung es wohl mehr als eines Lebens bedarf.

Nach einem sich bis in den späten Nachmittag hineinziehenden *Pranzo* in den „Tre Freccie" mit meinem – vor fast jugendlich zu nennender Lebhaftigkeit sprühenden – einstigen Studienfreund Jean-Michel, der nach einer Karriere als Eurokrat nun in der Nähe von Brüssel seinen bildhauerischen Ambitionen lebt, schlenderte ich, die schwere Süße eines *Espresso macchiato* noch auf der Zunge, durch die Arkaden im Umkreis der letzten beiden gut erhaltenen Geschlechtertürmen Bolognas – dem Torre Asinelli und dem Torre Garisenda. Vor dem recht verstaubt wirkenden Schaufenster eines mir noch aus den Studientagen bekannten Antiquitätengeschäftes blieb ich stehen. Nach dem Erwerb des Diploms hatte ich in diesem Geschäft zwei noble Renaissance-Stühle mit hohen Lehnen und einem resedagrünen Bezug aus Samtbrokat erstanden, die ich heute noch (im doppelten Sinne des Wortes) be-sitze. Da ich mich an die anlässlich dieses Kaufes mit dem Inhaber des Ladens geführten Gespräche über Bolognas Geschichte noch gut erinnerte, betrat ich – einem plötzlichen Impuls folgend – den Laden und war unsinnigerweise enttäuscht, nicht mehr ihn, sondern (was nach einem halben Jahrhundert nur allzu nachvollziehbar war) einen Mann mittleren Alters anzutreffen. Auf meine Nachfrage hin gab er sich als Neffe des früheren Inhabers zu erkennen. Da es einen konkreten Anknüpfungspunkt – den damaligen Kauf der Renaissance-Stühle – gab, kamen auch wir schnell ins Gespräch, zumal weit und breit keine potentiellen anderen Kunden zu sehen wa-

ren. Und wie es bei meiner nostalgischen Grundge-
stimmtheit nahelag, landeten wir schon bald bei Bolognas Geschichte. Bei diesem Thema erwärmte er sich
zusehends, zumal er nun ein mögliches Geschäft zu
wittern schien. Sein kinderlos gebliebener Onkel, so
mein Gesprächspartner, habe ihm zwar dankenswerter-
weise das mäßig florierende Geschäft hinterlassen, das
er nicht ungern weiterführe, zugleich aber auch eine
„Altlast", mit der er nichts Rechtes anzufangen wisse
und für die sich auch niemand so recht zu interessieren
scheine, obwohl er immer wieder entsprechende Lancie-
rungsversuche unternommen habe. Ende der 70-er Jahre
habe sein – im Gegensatz zu ihm selbst – nicht nur an
Antiquitäten, sondern auch an antiquarischen Büchern
und Manuskripten interessierter Onkel durch Vermitt-
lung eines Vetters seiner Frau unter der Hand einen
ganzen Schwung uralter Folianten und Manuskripte aus
dem Stadtarchiv erhalten, weil man dort dringend Stell-
und Lagerflächen benötigte und man im Übrigen auch
dankbar für die von seinem Onkel im Hinblick auf diese
Transaktion der Abteilung gestiftete Espressomaschine
gewesen sei – eine landesspezifische Enthüllung, die ich
dem redseligen Erben mit einem verständnisinnigen
Grinsen dankte. Außerdem habe er auch noch einige
alte Manuskripte von seinem Patensohn erhalten, der als
Maurer und Stuckateur bei einem Bauunternehmer ar-
beite und diese im Zuge des Teil-Abrisses und der Sa-
nierung eines Palazzo aus dem 13. Jahrhundert auf dem
Speicher gefunden und eingedenk der Liebhaberei sei-

nes Patenonkels mitgenommen habe. Der Onkel habe ihm davon erzählt und auch seine Absicht bekundet, die Manuskripte zu studieren und dann vielleicht auch das eine oder andere auswärtigen oder vielleicht sogar ausländischen Antiquariaten anzubieten. Schon kurz darauf sei er dann aber erkrankt und nicht mehr dazu gekommen, sein Vorhaben durchzuführen. Er selbst wolle sich auf den weniger aufwendigen Handel mit sonstigen Antiquitäten konzentrieren. Wenn ich mich aber für die Geschichte Bolognas interessiere, könne ich gerne einen Blick auf „das ganze Zeug" (er sagte tatsächlich „tutta quella roba") werfen. Mit diesen Worten zog er einen verblassten lilafarbenen Samtvorhang zur Seite und führte mich in eine beidseitig mit Regalen bestückte Raumnische, an deren Ende sich unter einem hochformatigen, vermutlich aus dem 19. Jahrhundert stammenden Gemälde des Inneren von *San Petronio*, dem an der Piazza Maggiore thronenden Bologneser Stadtdom, in dem einst die Kaiserkrönung Karls V. stattgefunden hatte, ein Stapel alter Folianten türmte und buchstäblich vor sich hindämmerte, da die Nische bei geschlossenem Vorhang nur von einem horizontal angeordneten, vermutlich in einen Hinterhof weisenden Oberlicht beleuchtet wurde. Mit Folianten bestückt war auch das rechte Regal, während das linke durchweg teils offene, teils in Lederdeckel lose eingefügte Manuskripte enthielt. Hier, so der *Padrone*, könne ich mich gerne in Ruhe umsehen. Und wenn ich etwas für mich Interessantes fände, würde man sicher über den Preis einig werden, da ihm die Suche nach etwaigen auswärtigen Interessenten zu mühsam sei, zumal er eine ausgesprochene Abneigung gegen jede Art von On-line-Handel habe. Ich dankte ihm, versprach, am nächsten Tag wiederzukommen und verließ den Laden, um mich in meinem Bologneser Stammhotel „Accademia" für die abendliche Jubiläumsrede des Johns-Hopkins-Präsidenten in der Via Belmeloro 11, dem Sitz des Bologna Center der JHU, mit anschließendem Abschlussdinner im Palazzo Re Enzo (!) umzuziehen. Schon auf dem Weg zum Hotel wurde mir klar, dass ich meinen Aufenthalt noch um ein bis zwei Tage verlängern müsste, um einen genaueren Blick auf die Folianten und die Manuskripte werfen zu können. Die Faszination, die alte Bücher seit eh und je auf mich ausgeübt hatten (schließlich hatte ich auch die erste deutschsprachige Edition der Bodin'schen *Six livres de la République* von 1579 betreut), holte mich auch jetzt wieder ein. Und die vage Hoffnung, eventuell sogar noch irgendwelche Hinweise auf das ferne „Objekt der Begierde" zu erfahren, weckten den Jagdinstinkt des „Tigers", den die chinesische Astrologie in meiner Geburtskonstellation sieht.

Da sich das Abschiedsdinner mit all seinen verklärten Retrospektiven und mehr oder minder rührseligen Abschiedsszenen bis tief in die Nacht hineingezogen hatte, kam ich am nächsten Tag erst nach einer ausgiebigen *Siesta* dazu, mich in der Antiquariatsnische umzusehen. Das rechte Seitenregal enthielt – wie in Bologna, der

Hochburg der Lehre des Römischen Rechtes, kaum anders zu erwarten – außer verschiedenen Ausgaben des von dem byzantinischen Kaiser Justinian (527-563) in Auftrag gegebenen *Corpus iuris*, einer Aufzeichnung des gesamten Römischen Rechts, etliche Werke italienischer Pandektisten, die – so vermutete ich – wohl aus dem Stadtarchiv stammten. Außer diesen – durchweg in Latein verfassten – Werken enthielt das rechte Regal aber auch einige kleinere politische, philosophische und moraltheologische Traktate, die bereits im sogenannten *Volgare* verfasst waren, der sich seit dem 13. Jahrhundert zuerst langsam und dann immer schneller verbreitenden, auf der provençalisch beeinflussten sizilischen Hofsprache basierenden und später von (insbesondere toskanischen) Kopisten und Interpreten weiterentwickelten frühitalienischen Volkssprache. Dazwischen standen einige Folianten, in denen lange Zahlenreihen dominierten – wo also über geleistete Steuern und Abgaben Buch geführt wurde. Auch über deren Provenienz konnten kaum Zweifel bestehen. Obwohl manche Ledereinbände angenehm ins Auge fielen, war nichts von all dem dazu angetan, mein besonderes Interesse zu wecken. Mit Justinians *Corpus iuris* hatte ich mich im Zuge der an der Universität Mainz in den 60-er Jahren des 20. Jahrhunderts für die Jura-Promotion geforderten Digestenexegesen lange und intensiv genug beschäftigen müssen, und fiskalische Reminiszenzen der Bologneser Stadtverwaltung interessierten mich erst recht nicht. Ähnliches galt auch für den Inhalt des Regals auf der linken Seite der Nische. Die dort ungebunden nebeneinander gestapelten Manuskripte enthielten fast durchweg Berichte über administrative Vorgänge oder Aufstellungen fiskalischen Charakters.

Nach gut zwei Stunden konzentrierten Durchforstens der Regale in ziemlich stickiger Atmosphäre war mir – um mit Rainer Maria Rilkes „Kornett" zu sprechen – „der Mut müde geworden" und „die Sehnsucht so groß". Ich war schon im Begriff, meine vage Hoffnung, etwas Interessantes zu finden, aufzugeben, als mich mein sowohl angeborener als auch anerzogener Perfektionsdrang auch noch zu dem Stapel am Kopfende der Nische zwang. Dort aber wurde meine Beharrlichkeit dann aufs Schönste belohnt. Nach „Abschichtung" der ersten beiden, anscheinend die städtische Seuchenvorsorge im 16. Jahrhundert betreffenden Manuskripte stieß ich auf eine gefalzte Lederhülle, die einen Stoß stark vergilbter, zum Teil angerissener und zudem stockfleckiger Blätter enthielt. Die Blätter hatten nichts, was man als eine Art Deckblatt hätte bezeichnen können. Und sie trugen auch keinerlei Überschriften im Text selbst. Was mir an ihnen sofort auffiel, war jedoch die schwungvolle, beinahe kalligraphisch zu nennende Schrift, die freilich zum Teil schon erheblich ausgebleicht war. Da ich mit dem heutigen Italienisch einigermaßen vertraut bin und mich zur Vorbereitung meiner Renaissance-Vorlesungen auch anhand zweisprachiger Dante- und Petrarca-Ausgaben in das *Volgare* eingelesen hatte, wurde mir schon sehr bald klar, dass es sich bei diesen handgeschriebenen Blättern um einen im *Volgare* verfassten, in Ich-Form geschriebenen Text handelte. Und da ich dann auch beim Überfliegen der Blätter auf die Namen von Menschen und Orten stieß, die mir aus meiner früheren Befassung mit Enzio vertraut waren, schlug mir auch ohne doppelten und dreifachen *Espresso corretto* das Herz bis zum Halse. Wenn mich nicht alle Sinne trogen, hatte ich unversehens etwas entdeckt, was meines Wissens bislang völlig unbekannt war – ein Prosa-Manuskript von Enzios eigener Hand!

Zwar wusste ich, dass Enzio ein Testament bekannten Inhaltes hinterlassen hatte, das sich wohl im Stadtarchiv befinden musste. Und „natürlich" war mir auch wohlbekannt, dass Enzio dem Dichterkreis angehört hatte, den Friedrich II. um sich versammelt hatte und dem außer ihm auch seine Halbbrüder Manfred und Friedrich (v. Antiochien) sowie u.a. Rainald von Aquin, Petrus de Vinea, Giacomo da Tentini, Guido delle Colonne, Jacob Mostacci, Roger de Amicis und Giacomino Pugliese angehört hatten. Auch kannte ich einige der von Enzio verfassten Gedichte. Davon jedoch, dass es von ihm verfasste Prosatexte gibt, hatte ich noch nie etwas gehört. All das – so mein Kenntnisstand –, was die Geschichtsschreibung über Enzio zu berichten weiß, hat sie aus unterschiedlichen amtlichen Dokumenten des Königreiches Sizilien, kaiserlichen Briefen, städtischen

Annalen und sonstigen Zeugnissen seiner Zeitgenossen sowie schließlich – was seine zweite Lebenshälfte anbelangt – aus Aufzeichnungen der Stadtregierung von Bologna zusammengetragen. Falls sich mein erster Eindruck auch bei näherer Prüfung bestätigen und nicht als euphorischer Trugschluss erweisen sollte, wäre meine *Trouvaille* also eine ausgesprochene Sensation – eine Sensation, die ich allerdings sofort für mich zu behalten beschloss: Zumindest solange für mich zu behalten beschloss, bis ich mir selbst über die Gründe (oder Abgründe) meiner ungewöhnlich starken Affinität zu diesem nach Konradins Hinrichtung im Jahre 1268 letzten überlebenden männlichen Staufer klar geworden war.

Dem Antiquitätenhändler sagte ich, dass ich mir schon lange vorgenommen hätte, einen im *Volgare* verfassten Text näher zu studieren, weshalb ich mir nun einen mir einigermaßen verständlichen herausgesucht hätte, zumal er in eine so schöne Lederhülle eingelegt sei. Ohne sich nach dem Inhalt des Textes zu erkundigen, pries mein zum Geschäftspartner gewordener Gesprächspartner die Lederhülle, die er als Schwanenleder erkennen zu können vorgab und nannte mir einen stattlichen, aber auch ohne Ansehung des Inhalts nicht unverschämt hohen Preis, den ich nach einigem taktischem Zögern akzeptierte.

Äußerlich gelassen, innerlich jedoch „gespannt wie ein Flitzebogen" zog ich mit meinem Schatz von hinnen.

Dieses Mal, das wurde mir schon auf dem Rückweg zum Hotel klar, würde sich das Hühnchen, das ich mit Enzio noch zu rupfen hatte, nicht mehr ins Eisfach legen lassen. Und da ich gerade meine (vorerst) letzten Bücher – „Die Buchstaben der Philosophie", die „Kleine Philosophie der Macht" und „Das kleine Buch vom großen Glück" – mit Erfolg auf den Weg gebracht hatte, abgesehen von einigen freiwillig übernommenen Lehrverpflichtungen als Emeritus auch über meine Zeit weitgehend frei verfügen konnte, bestand auch für weiteren Aufschub keine Notwendigkeit mehr. Das Einzige, was ich nun noch brauchte, um aus der Peripherie diverser Annäherungen an mein Erkenntnisziel ins Zentrum einer echten Klärungsphase zu gelangen, war eine unabweichlich und unausweichlich auf dieses Ziel ausgerichtete Denkpause.

5. Die Denkpause
oder: Der Weg zum Ziel

Die Bahnfahrt nach München nutzte ich zu einem etwas eingehenderen Blick auf meine *Trouvaille*. Die Lektüre fiel mir allerdings nicht leicht, da ich mich ohne ein Wörterbuch des *Volgare* nur auf semantischen Trittplatten vortasten konnte. Zu meiner großen Erleichterung bestätigte sich aber mein erster Eindruck insoweit, als ich dank der vielen Bezüge auf die mir schon seit langem einigermaßen vertraute Lebensgeschichte des Staufers kaum mehr Zweifel hegen konnte, dass es sich bei dem Manuskript tatsächlich um einen (wenn vielleicht auch mehr oder minder lückenhaften) autobiographischen Text handelte, der – aus welchen Gründen auch immer – bislang nicht in die für die Auswertung solcher Dokumente berufenen Hände von Historikern gelangt war.

Noch immer ganz benommen von der Freude über den mir so gänzlich unerwartet in den Schoß gefallenen Schatz, überlegte ich fieberhaft, wie ich mit ihm umgehen sollte. Da mich mit Enzios Schicksal kein im engeren Sinne (fach-)wissenschaftliches, sondern in erster Linie ein höchstpersönliches Interesse verband, war mir spätestens beim Passieren der italienisch-österreichischen Grenze endgültig klar, dass ich diesen Fund – zumindest fürs Erste – nicht in die Hände von Historikern legen, sondern vielmehr dazu nützen wollte, auf der schon so lange verfolgten Spur nun endlich „rüstig fürbaß" zu schreiten, wie dies unsere Ururgroßeltern vielleicht formuliert hätten. Im Übrigen muss ich aber gestehen, dass es mir nicht ganz leicht fiel, den Weg meiner Spurensuche festzulegen. Fest stand für mich allerdings das Selbstverständliche – den Schicksalsweg Enzios zunächst einmal gründlich zu erforschen. Dabei galt es, unter Einbeziehung des nun unversehens aufgefundenen autobiographischen Textes wie auch der über Jahrzehnte *en passant* gesammelten Literatur zur Thematik alles mir irgendwie Zugängliche historische Material zu sichten und auszuwerten. Auch nahm ich mir vor, die sich um Enzios Schicksal rankenden Legenden gründlich zu studieren, da sie ja wahrscheinlich zumindest einen wahren Kern enthielten.

Auf der Basis des so gewonnenen Ein- und Überblickes – dies mein vielleicht vermessener, mir aber doch nicht abwegig erscheinender Plan – wollte ich dann sofort in ein imaginäres Gespräch mit dem früh aufgestiegenen und früh gestürzten letzten männlichen Staufer eintreten. Warum sollte ich mich dem mich offenbar energetisch oder gar telepathisch Verbundenen nicht auf diese Weise zu nähern versuchen? Im Augenblick jedenfalls schien mir dies einen Versuch wert zu sein. Dass diese Vorgehensweise meinem ganzen Vorhaben einen reichlich fiktiven Charakter verleihen würde, war mir vollkommen klar. Andererseits konnte die ganze Spurensuche (abgesehen von den historischen Fakten, die uns vom Wirken Enzios bekannt sind) ohnedies nur einen fiktiven Charakter haben. Erklärtes Ziel des ganzen Unterfangens – ich darf es wiederholen – war es ja, über ein geistig-seelisches Einklinken in König Enzios Schicksalsweg vielleicht die Aufdeckung möglicher Ursachen für meine nahezu obsessive mentale Verbindung zu diesem glücklich-unglücklichen Spross des großen „Wandlers der Welt" zu erreichen und so möglicherweise auch etwas über mich selbst zu erfahren, was mir bislang weniger klar war. Und dorthin schien sich für mich mittels eines imaginären, Plausibilitäten ertastenden Gespräches über Raum und Zeit hinweg ein möglicher Weg zu eröffnen. Ob er sich als ertragreich erweisen würde, müsste ich abwarten. Angesichts einer ungesicherten Situation pflegte mein akademischer Lehrer (der deutsch-schweizerische Staatsrechtler und Rechtsphilosoph Peter Schneider) zu sagen, müsse man sich entscheiden, woran man sich orientieren wolle – an der Gefahr oder an der Chance, sie zu bestehen. Ich jedenfalls wollte mich an die zweite Option halten und hatte dabei auch den zuversichtlichen Zweizeiler der Lyrikerin Hilde Domin im Sinn:

> „Ich setzte meinen Fuß in die Luft
> und sie trug."

Einem Missverständnis möchte ich schon an dieser Stelle vorbeugen. Was ich vorhatte, war keineswegs eine Art von Totenbeschwörung, wie sie wohl in manchen esoterischen Zirkeln versucht wird und wie wir sie auch aus dem biblischen Buch Samuel kennen, wo der von seinem früheren Liebling David bedrängte israelitische König Saul der „Hexe von Endor" befiehlt, den Schatten jenes Richters Samuel zu beschwören, der ihn einst als künftigen König erwählte. Nein. Mit derartig Zwanghaftem wollte ich nichts zu schaffen haben. Wohl aber wollte ich versuchen, Enzio freundlichst zu einem gelassenen Gespräch zu bitten und ihm hierzu eine irdische Stimme (wie auch für die Niederschrift meine irdische Feder) zu leihen. All dies in der Hoffnung auf eine *translatio mentalis*, auf eine telepathische Gedankenübertragung – in der Hoffnung also, ihn auch dort zum Sprechen zu bringen, wo die geschichtlichen Quellen schweigen. In der Hoffnung auch, das Eine oder Andere zu erfahren, was wir nicht (genau) wissen oder aber auch um einen Einblick in die Hintergründe und Motive von Handlungen und Ereignissen zu gewinnen, von denen wir zwar wissen, die uns Heutigen aber nicht recht verständlich erscheinen. Vor allem aber – dies meine Hoffnung – sollte uns bei diesem imaginären Gespräch, bei dem ich den fernen Staufer nicht nur als Antwortenden, sondern vielleicht sogar als Fragenden sehe, jener Weltgeist, den die Christen den „Heiligen Geist" nennen und die einstigen Urbewohner Nordamerikas den Großen Manitou, erleuchten. Ohne – wie auch immer zustande kommende – Erleuchtung nämlich (welch' ein wundervolles, heute bezeichnenderweise weitgehend obsolet gewordenes Wort!) lässt sich keine unerlöste Situation erlösen. Gespannt wäre ich insbesondere auf etwaige Gegenfragen, die mich möglicherweise schneller und unbequemer auf die Ursachen meiner obsessiven Affinität zum Erinnerungsbild dieses an der Wende vom Mittelalter zur Neuzeit stehenden Menschen stoßen würden, als mir lieb wäre. So meine Überlegungen.

Nun, da ich mich auf diese abenteuerliche Spurensuche eingelassen hatte, war ich jedenfalls auf alles gefasst.

In den folgenden Wochen und Monaten tat ich nun genau das, was ich mir vorgenommen hatte, versenkte mich also in den entdeckten autobiographischen Text und in die historischen Dokumente, Zeugnisse und Berichte über den nach vielfachem Zeugnis seinem Vater Friedrich II. nicht nur besonders ähnlichen, sondern auch besonders nahestehenden Enzio. Je länger diese Phase der geistigen Vorbereitung andauerte, desto deutlicher fühlte ich mich der Herausforderung eines Zwiegesprächs intellektuell gewachsen. Fast hatte ich den Eindruck, ich könne mich mit ihm ähnlich zwanglos über die Ereignisse der ersten Hälfte des 13. Jahrhunderts im *Regnum Italiae* unterhalten, wie ich dies mit ehemaligen Klassenkameraden aus meiner Gymnasialzeit oder mit ehemaligen Kommilitonen aus meiner Studienzeit gelegentlich zu tun pflegte. Dass mir dies schon den nötigen Schwung für das bevorstehende Gespräch gegeben hätte, kann ich allerdings nicht behaupten. Um mich darauf auch noch seelisch vorzubereiten, begab ich mich nach einem entschiedenen Schlussstrich unter das Quellen-Studium in eine mehrtägige Meditationsphase, während der ich versuchte, mir den nach den historischen Quellen hochgewachsenen, blauäugigen und mit einer lang über die Schultern fallenden blonden Mähne gesegneten Staufer vor Augen zu führen und mich in seine Gemütszustände angesichts der abrupten Wechselfälle seines Lebens hineinzufühlen. Auch trachtete ich intensiv danach, nicht nur mich selbst für dieses Gespräch seelisch zu wappnen, sondern auch meinen erhofften Gesprächspartner einem solchen Brückenschlag über Zeit und Raum hinweg geneigt zu machen. Irgendwann hatte ich dann das Gefühl, dass wir beide so weit waren, es zu wagen. Um den rechten Zeitpunkt für das *avviamento* (wie die Italiener sagen, auf „gut Deutsch": den dynamisch umsetzbaren *Kairos*) nicht zu verpassen, stürzte ich mich dann auch ohne weiteres Zögern in das im Folgenden wiedergegebene Zwiegespräch.

6. Das Zwiegespräch
- Erster Tag –

Autor (A): Meine mentale Bitte um ein Gespräch war hoffentlich nicht allzu vermessen. Wenn ich den Kontakt zu meinen verstorbenen Eltern und Freunden suche, so tue ich dies ohne jegliche Scheu. Euch aber, der Ihr Jahrhunderte und Kulturwelten weit von mir entfernt (und mir dennoch so nah) zu sein scheint, nähere ich mich nun doch mit einigem Bangen. Ich weiß nicht einmal, wie ich Euch anreden soll, ohne Eure Würde zu verletzen. Mit „Majestät" (immerhin wart Ihr ja ein König), mit „Hoheit" oder mit „Exzellenz"? Die Titel, die Euch einst Euer Vater, der Kaiser, verliehen hat, gibt es ja allesamt nicht mehr.

König Enzio (E): Ich habe Dich längst erwartet und bin auch gerne zu einem Gespräch bereit. Und dies, obwohl ich nicht verhehlen kann, dass ich sehr erstaunt war, als mich Dein mental übermittelter Wunsch erreichte. Hier, wo ich jetzt lebe, interessiert man sich nicht für unser Jenseits. Jeder hat mit sich selbst und seiner eigenen Weiterentwicklung genug zu tun. In Deinem Diesseits aber, das nun schon seit so langer Zeit zu meinem Jenseits geworden ist, interessieren sich wohl höchstens noch Historiker für mein früheres Schicksal. Und für Titel (auf die auch ich früher großen Wert gelegt habe) ist hier ohnedies kein Platz. Auf solche Sprachschnörkel kannst Du also getrost verzichten. Sie würden nur den Blick auf das verstellen, was Du zu erkunden suchst.

A: *So stimmt es also, wenn der Dichter Hugo von Hofmannsthal in seinem „Großen Welttheater" schreibt: „Und wenn der große Vorhang fällt, sind Alle gleichgestellt"?*

E: Ob das stimmt, weiß ich nicht so genau. Auch in dieser Welt gibt es Vieles, was mir verborgen bleibt, was mich dann aber wohl auch nichts angeht. Es kommt vielleicht darauf an, was Du unter „gleichgestellt" verstehen willst. Selbst dann aber, wenn ich es genau wüsste, könnte ich es Dir nicht sagen. Im Hinblick auf Auskünfte über die Befindlichkeiten dieser Welt ist uns, die wir die Grenze zwischen den zwei Welten überschritten haben, der Mund versiegelt.

A: *Ich werde diesen Hinweis selbstverständlich respektieren und mich in unserem Gespräch nur noch auf Vorgänge und Befindlichkeiten der Erfahrungs- und Bewusstseinsebene beziehen, die einst auch die Eure war.*

E: Ja, so sollten wir es halten.

A: *Nun müsste ich nur noch wissen, wie ich Euch anreden darf. Ich möchte nicht unhöflich sein.*

E: Um *höflich* zu sein, brauchst Du mich nach all diesen Jahrhunderten Deiner Zeitrechnung nicht mehr *höfisch* zu adressieren. Lass uns miteinander reden, wie Du mit Dir vertrauten Zeitgenossen reden würdest. Und dies umso mehr, als Du mir ohnehin ein besonderes persönliches Interesse an meinem damaligen Schicksalsweg signalisiert hast.

A: Gut. Ich werde mir also erlauben, Euch Enzio zu nennen und in der heute unter Verwandten, Freunden und Jugendlichen üblichen Du-Form anzureden.

E. Ja, gerne. Die etwas altertümliche deutsch-italienische Kurzform meines Taufnamens „Heinrich", den die Deutschen nicht selten zu dem mir wenig behagenden „Heinz" verkürzen, klingt mir noch immer angenehm in den Ohren.

A: So empfinde auch ich es. Dein offizieller Taufname wurde wohl von Deinem Vater im Blick auf Kaiser Heinrich IV., den salischen Ahnherrn Deiner staufischen Sippe, gewählt? Auch dieser Name weckt ja angenehme Assoziationen – Heinrich: der „Waldreiche".

E: Schön, dass Du mich daran erinnerst. Dort, wo ich meine erste Kindheit verbrachte, gab es endlose Wälder – Wälder und Wiesen. Alles war so grün und frisch, wie ich es später nur noch selten erlebte. Und auch in den Liedern, die mir meine Mutter Adelheid an den Abenden sang, und in den Geschichten, die sie mir erzählte, war viel vom Wald die Rede. Auch unsere kleine Burg war von Wäldern umgeben.

A: Leider habe ich weder in Deinen eigenen Aufzeichnungen noch in all den Dokumenten und Schriften, die über Dein Leben berichten, einen Hinweis darauf gefunden, wo genau Deine Wiege stand. Manche Historiker vermuten, dass Deine Mutter Adelheid aus der Familie der den Staufern seit langem verbundenen, späteren Herzöge von Urslingen stammte, deren Obhut Dein Vater als Kind für einige Zeit anvertraut war. Damals hatten sie das Herzogtum Spoleto inne und beherbergten ihn in Foligno.

E: Das Letztere weiß ich, das Erstere leider nicht. Aber Du hast wohl kaum das Gespräch mit mir gesucht, um Dinge zu erfahren, die nur noch Eure Historiker interessieren. Es wird Dir aber schwerfallen, mir zu glauben, wenn ich Dir sage, dass ich selbst nicht weiß, ob sie aus dieser Familie stammte. Am Hof meines Vaters wurde nie darüber gesprochen. Und wenn ich später selbst danach fragte, sagte man mir nur, dass ich aus dem Stammland der Staufer, dem Herzogtum Schwaben, komme, und dass meine Mutter adliger Abstammung sei, was ja auch in meiner Legitimationsurkunde festgehalten wurde. Vielleicht hat man mir auch irgendwann einen Namen genannt, den ich dann ob all dessen, was an Neuem auf mich einstürmte und was ich zu lernen hatte, wieder vergaß. Vielleicht war der schwäbische Besitz meiner Mutter auch nicht bedeutend genug, um ihn hervorzuheben. Im Übrigen – ich wiederhole es – war das Leben am Hof meines Vaters so reich, so bunt und so fordernd, dass alles andere daneben bis zur Unkenntlichkeit zusammenschrumpfte.

A: *Du hast also keine weiteren Erinnerungen mehr an Deine Geburtsheimat?*

E: Ich weiß nur, dass ich noch sehr klein war und noch keine Lehrer um mich waren, sondern außer meiner Mutter, meiner älteren Schwester Caterina und unserer Kinderfrau Clothilde nur noch eine Köchin, eine Magd und zwei alte Diener, als wir von etlichen Rittern auf einem von vier Pferden gezogenen Wagen zu meinem Vater gebracht wurden, dessen große Pfalz einige Wegstunden von der unseren entfernt lag.

A: *Erinnerst Du Dich noch an deren Namen?*

E: Oh ja. An den Namen der Pfalz meines Vaters, in der viele Ritter, Reisige, Schreiber, Köche, Knappen und Diener lebten, erinnere ich mich noch genau, da es eine der Lieblingsresidenzen meines Vaters war, von der auch später noch viel die Rede war. Sie hieß Hagenau. Dort bekamen wir, das heißt meine Mutter und ihr kleines Gefolge, im Kemenaten-Flügel der Burg schöne große Gemächer zugewiesen.

A: Dann bist du also dort aufgewachsen?

E: Nein, aber unser dortiger Aufenthalt kam mir doch sehr lange vor. Wie man mir später sagte, blieben wir nur einen Winter und einen Sommer lang und reisten dann mit dem Kaiser, seinen Rittern und seinem ganzen Gefolge nach Italien. Dass ich schon zuvor immer mal wieder zu meinem Vater gerufen wurde und dann auch von ihm auf den Schoß genommen und liebkost wurde, hat mich froh gemacht. Er nannte mich „Goldschopf" und „Blauauge" und scherzte mit mir. Gescholten hat er mich nie – auch dann nicht, wenn ich nicht alles einhielt, was mir meine Mutter und Clothilde für diese „Audienzen" bei meinem Vater aufgetragen hatten. Vor dem Aufbruch versprach er mir ein schönes Pferd, wenn ich mich auf der langen Reise als ein tapferer Junge erweisen würde, der auch dann nicht weint, wenn die Reise beschwerlich würde. Da wir aber unterwegs in einigen Burgen für eine oder zwei Nächte rasteten, habe ich an diese Reise ohnedies nur gute Erinnerungen.

A: Seid ihr direkt nach Palermo gereist?

E: Nein. In der staufertreuen Stadt Cremona hat mein Vater eine längere Rast eingelegt, um dann zu seiner Krönung zum Kaiser des Heiligen Römischen Reiches nach Rom weiterzureisen. Und da meine Mutter unterwegs erkrankt war, blieben sie, Clothilde, eine Magd, meine Schwester Caterina und ich in Cremona zurück.

Meine Mutter erholte sich zwar wieder, erkrankte aber im folgenden Winter erneut. Zu meinem übergroßen Kummer musste sie uns verlassen, noch ehe der Frühling ins Land zog.

A: *Jetzt verstehe ich auch, warum manche (vor allem italienische) Autoren vermuten, dass Du in Cremona geboren wurdest.*

E: Dann kannst Du ja berichten, wie es sich wirklich verhielt.

A: *Bliebst Du dann in Cremona? Bist Du* dort *aufgewachsen?*

E: Nein. Ich bin zwar auch später immer wieder gerne nach Cremona gekommen, wurde aber schon bald nach dem Tod meiner Mutter unter dem Schutz von dreizehn Rittern (diese Zahl habe ich mir gemerkt) nach Pisa gebracht und von dort auf einer der kaiserlichen Galeeren nach Palermo.

A: *Und Deine Schwester, die ja wohl nach Konstanze von Aragons unglücklichem Sohn Heinrich das zweitälteste Kind Deines Vaters war?*

E: Während der Krankheit meiner Mutter stand ihr eine nahe Verwandte hingebungsvoll zur Seite. Caterina, die sich mit ihr besonders gut verstand, wollte bei ihr bleiben und weigerte sich standhaft, mit Clothilde und mir zu kommen. Bei ihr blieben von unserem kleinen Gefolge nur die Magd und einer der beiden Diener. Auch diese wurden von der Verwandten meiner Mutter in ihren Haushalt aufgenommen. Wann immer ich später nach Cremona kam, habe ich Caterina aufgesucht. Trotz der damaligen Trennung blieben wir uns lebenslang verbunden.

A: Du bist also nach dem Tod Deiner Mutter nach Palermo gekommen. Heißt das, dass Du nun Deine spätere Kindheit und frühe Jugend in Palermo verbracht hast?

E: Zu einem Großteil dort und in Monreale, aber auch auf verschiedenen Burgen Apuliens und der Capitanata, wohin mein Vater nicht selten den ganzen Hofstaat mitnahm. Einmal reisten wir nach Rom, einmal nach Ravenna, einmal auch nach Aquileia, des Öfteren aber nach Melfi, Capua und Foggia, wohin es meinen Vater besonders zog. Dort baute er seine Residenz prächtig aus und von dort aus hatte er auch ein genaues Auge auf den Fortgang der Arbeiten am Castel del Monte, seinem Jagdschloss, das er im letzten Jahrzehnt seines Lebens häufig aufsuchte. Außerdem jagte er gerne in den sumpfigen Wäldern des Gargano in der Nähe von Foggia. Zweimal ging es auch nach Lucera, wohin der Kaiser die aufständischen sizilischen Sarazenen umgesiedelt hatte, deren Schicksal ihm aber jetzt sehr am Herzen lag, deren städtische Entwicklung er auf vielfältige Weise förderte und aus deren besten Kämpfern er dann auch die ihm treu ergebene Leibwache rekrutierte. Ohne deren hingebungsvolle Zuverlässigkeit und stete Einsatzbereitschaft wäre er sicher den vielfältigen Nachstellungen seiner Gegner schon früh zum Opfer gefallen. Nicht von ungefähr war diese – auch gegen jeglichen päpstlichen oder sonstigen kirchlichen Bannstrahl immune – Leibwache der Kurie und dem ganzen Klerus kein geringeres Ärgernis als die nicht wenigen sarazenischen Bewohnerinnen der Frauengemächer, mit denen er vertrauten Umgang hatte und von denen er einige auch auf seine Reisen mitnahm.

A: Die für seine Umwelt problematische, für Deinen Vater aber auf vielfältige Weise segensreiche Symbiose mit dem sarazenischen Erbe Siziliens bestätigt die alte Weisheit, dass jeder negative Umstand auch eine positive Kehrseite hat. Dass die Vernachlässigung, die Dein Vater nach dem Tod Deiner Großmutter Konstanze erfahren musste, ihn sozusagen auf die Gosse verwies und er so mit vielen Sarazenen und nicht zuletzt mit deren Sprache und Lebensweisheit vertraut werden konnte, hat sich später als großer Glücksfall erwiesen.

E: Die kampflose Rückgabe Jerusalems durch den ägyptischen Sultan Al-Kamil wäre ohne diese „Morgengabe" kaum denkbar gewesen, wenngleich natürlich auch andere für den Sultan schwierige und deshalb für den Kaiser günstige politische Rahmenbedingungen dabei eine nicht zu unterschätzende Rolle gespielt haben.

A: Meinst Du die inneren Gegner, die Al-Kamils politischen und militärischen Spielraum einengten und ihm einen Zweifronten-Krieg verboten?

E: Ja, aber es war weit mehr. In Friedrich und Al-Kamil trafen zwei hochgesinnte Persönlichkeiten zusammen, deren philosophische Gesinnungsnähe und Vorurteilslosigkeit ihnen Kompromisse erlaubte und die sich – eine schicksalhafte Zugabe dies – auch persönlich mochten. Deshalb konnte meinem Vater gelingen, was noch keinem Führer eines früheren Kreuzzuges gelungen war. Im Hinblick auf ihre machtpolitischen Ambitionen war dem angeblichen „Stellvertreter Christi" aber gerade dieser Erfolg des Kaisers ein Ärgernis!

A: Ja, gewiss – alles in allem hätten Gregor IX. und Innozenz IV. froh und dankbar sein müssen, dass „die Wege des Herrn" tatsächlich „wunderbar" waren und gerade durch geschickte Diplomatie und freundschaftlichen Umgang des von ihnen als „Antichrist" diffamierten Kaisers mit den sarazenischen Nachbarn der Kernbereich des „Heiligen Landes" ohne ein die früheren Kreuzzüge schändendes Blutvergießen zurückgewonnen werden konnte. Den zeitgenössischen Quellen entnehme ich, dass das erste, von Gottfried von Bouillon, dem Herzog von Lothringen, angeführte Kreuzfahrerheer

allein bei der Einnahme Jerusalems im Jahre 1099 ca.
dreißigtausend von insgesamt vierzigtausend Bewoh-
nern Jerusalems massakrierte. Und dies mit dem
Schlachtruf „Deus lo vult" („Gott will es"). Späteren
Quellen entnehme ich, dass auf dem gesamten Kreuzzug
Deines Vaters nur zwölf Teilnehmer seines Heeres zu
Tode kamen. Auch wenn die letzte Zahl etwas geschönt
und die erste etwas überhöht sein sollte, sprechen diese
Zahlen Bände.

E: Schön, dass dies offenbar auch nach Jahrhunderten
noch richtig gesehen und gewürdigt werden kann. In
ihrer (nicht zuletzt weltlichen) Machtgier waren die
Päpste und die auf sie hörenden Kirchenfürsten aber
blind vor Hass auf den nicht als Partner, sondern als
Rivalen um die Oberherrschaft im „Heiligen Römischen
Reich" empfundenen Kaiser. Sie missbrauchten daher
auch ohne Unterlass ihre geistliche Autorität zur Behauptung und Erweiterung ihrer weltlichen Machtsphäre. Die exzessiv gehandhabte Exkommunikation wurde
auf diese Weise zu einer Waffe, die jeden treffen konnte, der irgendwelche machtpolitischen Interessen der
Päpste in Frage stellte.

A: Wurde der Bannfluch angesichts seines inflationären
Gebrauchs nicht zu einer eher stumpfen Waffe?

E: Zwar nahmen ihn viele weltliche (und auch alternativ
gesinnte geistliche) Potentaten tatsächlich nicht mehr

allzu ernst. Wenn und wo es ihnen aber opportun erschien, dem Kaiser unter Berufung auf Bannfluch und Exkommunikation die Vasallentreue aufzukündigen, nutzten sie den geistlichen Anspruch, dies – weil angeblich durch die päpstliche Schlüsselgewalt dazu legitimiert – mit Fug und Recht tun zu dürfen. Insoweit war diese Waffe dann trotz ihres ständigen Missbrauchs für den Kaiser und seine Anhänger doch sehr gefährlich. Und dies umso mehr, als sich die schlichteren Gemüter noch fest im Griff der geistlichen Zwingherrschaft befanden.

A: Ja, auch das verstehe ich. In „Deinem" Jahrhundert freilich war die päpstliche Version der Zwei-Schwerter-Lehre, der zufolge Gott dem Papst sowohl das Schwert der geistlichen als auch das Schwert der weltlichen Gewalt verliehen hat und er dieses daher auch nach eigenem Gutdünken weitervergeben könne, zumindest in klerikalen Kreisen noch sehr verbreitet, wie Dir zweifellos bekannt war. Heute aber, da im Abendland Abermillionen von Christen aus den Kirchen ausgetreten sind, würde Derartiges wohl nur noch als kabarettreife Wahnvorstellung Kopfschütteln hervorrufen. Wahrscheinlich würde es den endgültigen Niedergang der christlichen Kirchen (und zumal des Papsttums) rapide beschleunigen.

E: Du wirst verstehen, dass ich dies mit einer gewissen Genugtuung höre.

A: Ja, das verstehe ich sehr wohl. Man sollte allerdings nicht vergessen, dass die Institution der Amtskirche (an die Jesus von Nazareth wohl schwerlich dachte, wenn er Petrus als Haupt seiner „Gemeinde" sah) nach dem Zusammenbruch des weströmischen Reiches in den Stürmen der Völkerwanderung als einzige, die germanischen Nachfolgereiche überspannende, Ordnungsmacht auf dem ehemaligen Reichsterritorium ein gewaltiges Autoritätspotential gewonnen hatte – ein Autoritätspotential, das sich nach dem Tauschgeschäft zwischen Karl dem Großen und Papst Leo III. noch verstärken sollte. Karl der Große hatte dem in seiner Existenz gefährdeten Papst militärischen Schutz gewährt und dafür im Legitimationstransfer die römische Kaiserkrone erhalten.

E: Es mag ja sein, dass alle Nachfolger Karls Profiteure dieser *translatio imperii* waren. Sie begründete aber keinen dauernden und unbedingten Suprematsanspruch des Papsttums und rechtfertigte schon gar nicht die rabiaten Methoden, mit denen die Amtsnachfolger Leos III. seit dem 11. Jahrhundert diesen Suprematsanspruch durchzusetzen versuchten.

A: Da kann ich Dir nicht widersprechen. Mit dem biblischen Nachfolgeauftrag Jesu an Petrus hatte all dies wohl wenig zu tun. Dass dies auch Dein Vater so sah, haben ihm die Päpste besonders übel genommen und ihn deshalb auch mit gänzlich unchristlichem, giftigem

Hass zum „Antichristen" gestempelt. Was Dein Vater
wirklich glaubte, wissen wir nicht. Es geht uns aber
letztlich auch nichts an. Offiziell hat er sich wohl (nicht
zuletzt auch in seinem Testament) stets zur christlichen
Religion bekannt. Die Missstände in der päpstlichen
Amtsführung anzuprangern, hat er sich allerdings auch
nie gescheut. Auch Du scheinst diese Missstände schon
sehr früh erkannt und erfahren zu haben.

E: Das konnte kaum ausbleiben, wenn man am kaiserlichen Hof aufgewachsen war, wo dieses Ärgernis zum
„täglichen Brot" gehörte. An der Großen Tafel durfte
ich zwar erst im Alter von 13 Jahren speisen. Aber auch
von den Magistern und Doktoren, die mich in Geschichte, Latein, Griechisch und Arabisch, in Mathematik, der
Liedkunst und den Feinheiten der Sprache und der Umgangsformen des Hofes unterrichteten, vor allem aber
von denen, die mich unablässig in der Fechtkunst und in
der Kunst des Schwertkampfs zu Pferde unterrichteten,
hörte ich so viel über die Gesinnung und die Ränke
unserer guelfischen, päpstlichen und sonstigen klerikalen Gegner, dass mir von früh auf klar war, wo ich zu
stehen hatte.

A: Wenn ich Deine spätere Laufbahn als Feldherr be-
denke, so liegt nahe, dass Dir gerade der kriegerische
Teil Deiner Ausbildung besonders behagt haben dürfte
.

E: Ja, das stimmt. Vor allem hatte es mir aber auch die Falkenjagd angetan, auf der ich meinen Vater schon früh begleiten durfte – vor allem dann, wenn wir uns in Foggia aufhielten. Später fand ich dann auch in meinem Halbbruder Manfred einen leidenschaftlichen Jagdgefährten. Er überredete unseren Vater schließlich auch, das Buch über die Falkenjagd zu schreiben, das später bei der Eroberung von Victoria den Guelfen in die Hände fiel.

A: *Aber erfreulicherweise erhalten blieb! Manche Quellen sagen, der Kaiser habe Dich seinen „falconello", seinen Falkenjungen, genannt.*

E: Ja, das stimmt. Mein Vater liebte mich nicht nur, weil ich ihm sehr ähnlich sah, sondern auch, weil ich seine Leidenschaft für die Falkenjagd und für die Dicht- und Liedkunst teilte. Vielleicht war ihm auch meine Mutter Adelheid besonders teuer gewesen. Schließlich war seine Verbindung mit ihr kein bloßes Staatsgeschäft wie seine drei Ehen. Und vielleicht hätte er auch diese Verbindung – wie die sehr intensive, zuletzt aber auch sehr tragische, Beziehung zu Bianca Lancia – noch legitimiert, wenn meine Mutter nicht so früh verstorben wäre. Die Jahre in Palermo waren jedenfalls glückliche Jahre.

A: *Hat man Dich nicht spüren lassen, dass Du unehelich geboren wurdest?*

E: Zu keinem Zeitpunkt. Im Gegenteil. Der Kaiser gab mir viele Beweise seiner besonderen Zuneigung und auch die Angehörigen des Hofes ehrten mich als kaiserlichen Prinzen. Meinen ehelich geborenen Halbbrüdern Heinrich (VII.) und Konrad (IV.) sowie Yolantes Sohn Heinrich bin ich persönlich nie begegnet. Besonders gut verstand ich mich mit meinem ebenfalls nicht ehelich geborenen Halbbruder Friedrich (v. Antiochien) und vor allem mit Manfred, der nach Konrads Tod als letzter staufischer König noch bis zu seinem Tod in der Schlacht von Benevent das Königreich Sizilien regierte.

A: Wie kam es zu dieser besonderen Nähe zwischen Dir und Manfred?

E: Da mich der Kaiser in meinen frühen Jahren bei kriegerischen Unternehmungen am Hof zurückließ und der besonderen Obhut Bianca Lancias empfahl, war mir ihr etwa sieben Jahre jüngerer Sohn Manfred von Jugend an vertraut. Auch er sah unserem Vater (und mir) sehr ähnlich. Wir hatten beide das Gefühl, die Lieblingssöhne des Kaisers zu sein, was uns zusätzlich verband.

A: Und Frauen? Gab es Frauen, die Dir am Sizilianischen Hof wichtig waren?

E: Zunächst war Clothilde noch am Hof, worüber ich froh war, weil ich mit ihr noch in der Sprache sprechen konnte, die mir aus der Kindheit vertraut war, und weil sie mir von meiner Mutter und ihrer Verbindung zum Kaiser wie auch vom Leben rund um unsere Burg erzählen konnte. Sie blieb allerdings nicht sehr lange am Hof, sondern folgte eines Tages einem Dienstmann der Grafen von Aquino. Es gab aber außer meinen italienischen, griechischen und deutschen Lehrern genügend sarazenische Diener und Dienerinnen, die um meine Kleidung und meine Ernährung besorgt waren. Und als ich mich dem Alter näherte, an dem ich meine Schwertleite erhoffen konnte, machten mir auch manche Damen des Hofes schöne Augen.

A: Hat sich auch Deines Vaters zweite Gemahlin, Yolante von Brienne, um Dich gekümmert?

E: Als sie kam, war ich schon fast erwachsen. Mit ihr hatte ich wenig Kontakt. Wohl aber nach wie vor mit Bianca, die mich des Öfteren zum Schachspiel einlud, der ich manchmal auch Lieder vorsang – und die es ganz offensichtlich nicht so gerne sah, wenn die Sarazeninnen am Hof meine blauen Augen und meine langen blonden Haare (laut Clothilde ein Erbteil meiner Mutter, das Blondhaar meines Vaters hatte einen Rotstich wie das meines Urgroßvaters Barbarossa) allzu lautstark bewunderten…

A: Wenn man den Berichten Deiner damaligen Zeitgenossen vertrauen darf, warst Du wohl das, was man einen „schönen Mann" nennt. Und selbst die erbitterten

Gegner Deines Vaters und seines ganzen Geschlechtes bestätigten Dir ein freundliches Wesen und angenehme Umgangsformen.

E: Ist das wirklich so? Falls es stimmt, geschah dies wahrscheinlich erst, als sie nicht mehr mit meinen Waffen rechnen mussten.

A: Immerhin wird behauptet, dass selbst Deines Vaters Todfeind, Papst Gregor IX., Dich mit seiner Nichte verheiraten wollte.

E: Ja, das stimmt. Aber sicher nicht wegen meiner blauen Augen und meiner blonden Locken, sondern weil er durch meine Einbindung in seine Sippe nach der altbekannten Regierungsdevise „Teile und Herrsche" verfahren wollte.

A: Das klingt sehr wahrscheinlich, wenn man sich Gregors sonstigen politischen Bewegungsstil ansieht. Aber auch Dein Vater war ein großer Stratege, der nicht selten nach dieser Devise verfuhr.

E: Ja, gewiss. Er war ein großer Stratege. Darüber aber, ob er bei seiner Idee, mich mit der frisch verwitweten Adelasia von Torres und Gallura zu verheiraten, einem strategischen Kalkül folgte oder nur einem seiner Lieblingssöhne eine Königskrone verschaffen wollte, war ich mir nie so recht im Klaren. Letztlich hat ihm dieser

Zugriff auf Sardinien sowohl mit dem Papst, der sich als Lehensherr Sardiniens fühlen konnte, als auch mit den ihm verbundenen Pisanern, zu deren Einflussgebiet die Insel gehörte, vor allem Ärger eingebracht. Hinzu kam, dass der Widerstand Gregors gegen diese Heirat auch noch durch das damit verbundene Scheitern seiner Versippungspläne verschärft wurde.

A: Die Lehenshoheit des Papstes über Sardinien stand doch aber nach allem, was mir aus den historischen Quellen zugänglich ist, auf wackeligen Füßen. Beruhten sie nicht im Ansatz auf den – längst als klerikale Fälschung entlarvten – sogenannten Konstantinischen Schenkungen? Und hatte deshalb nicht schon Dein Urgroßvater, Kaiser Friedrich I., Sardinien als Reichslehen vergeben, zumal er sich als west-römischer Kaiser in der Rechtsnachfolge von Ostrom fühlen konnte?

E: Auch das ist richtig. Darauf berief sich ja auch mein Vater mit seinem Anspruch, alle dem Reich zugehörigen Territorien wieder unter der kaiserlichen Krone zu vereinigen. Einräumen muss ich allerdings, dass mein Vater den päpstlichen Anspruch auf die Lehenshoheit über Sardinien in der Goldenen Bulle von Eger im Jahre 1212 anerkannt, später aber unter Berufung auf die älteren Rechte des Reiches widerrufen hatte.

A: Ein mehr oder minder legitimer Anspruch stand also gegen einen ähnlich fragwürdigen Anspruch.

E: Ja, deshalb auch die Hartnäckigkeit, mit der mein Vater das sardische Heiratsprojekt zum Verdruss Gregors IX. verfolgte und letztlich auch durchsetzte.

A: Das geschah aber doch erst nach Deiner Schwertleite und Deiner offiziellen Anerkennung?

E: Ohne mich als kaiserlichen Prinzen auch offiziell anzuerkennen und ohne den Knappen zum Ritter zu schlagen und so den Falkenjungen als Falken zu entlassen, wäre all das, was mein Vater mit mir vorhatte, im Lichte des Zeitgeistes wohl schwerlich möglich gewesen. Ich war inzwischen achtzehn Jahre alt und drängte darauf, als Kämpfer von echtem Schrot und Korn meinem Vater ständig zur Seite stehen zu können. Meine „Bluttaufe" hatte ich schon in der siegreichen Schlacht von Cortenuova gegen den lombardischen Bund erhalten, wo ich mich im Kampf auszeichnen konnte. Daher war ich auch sehr stolz und glücklich, als ich in unserer getreuen Stadt Cremona, zu der ich auch später immer wieder gerne zurückkehrte, an jenem strahlenden Herbsttag des Jahres 1238 (in Anwesenheit auch meiner Schwester Caterina) die Klinge des kaiserlichen Schwertes auf meinen Schultern spürte und als Ritter gegürtet wurde. Unmittelbar danach begab ich mich nach Ardara, um dort durch die Vermählung mit Adelasia die Krone von Torres und Gallura zu gewinnen.

A: *Ein früher, glänzender Aufstieg! Hatte das Ganze –
vom päpstlichen Unwillen abgesehen – aber nicht auch
einen erheblichen Haken? Die historischen Quellen
sagen, dass Deine Braut fünfzehn Jahre älter war als
Du selbst. War ihr unpassendes Alter nicht wichtig für
Dich?*

E: Ja, Adelasia war erheblich älter, und als ich sie unmittelbar vor der Trauung im Schwarzen Dom von
Ardara zum ersten Mal sah, war ich von ihrem Anblick
auch nicht gerade begeistert – ein Eindruck, der sich
auch während der feierlichen Einsegnung durch den
Erzbischof Stefano und bei den nachfolgenden Tischge-
sprächen beim Festmahl kaum veränderte.

„Schwarzer Dom" in Ardara

Ich hatte den Eindruck, dass es ihr zwar schmeichelte, noch als Witwe einen kaiserlichen Prinzen heiraten zu können, dass sie sich als zweifellos gut informierte Fürstin aber auch darüber im Klaren war, was da gespielt wurde und wohl der Sache nicht so recht traute. Auch musste sie wohl davon ausgehen, dass schon der große Altersunterschied zwischen uns dieser Ehe keine Heilsprognose verhieß.

A: Stimmt es eigentlich, was in einer Chronik der „Richter" von Torres zu lesen ist, dass Du Adelasia unmittelbar nach der Hochzeit hättest einkerkern lassen?

E: Wie so vieles andere, was guelfische Propagandisten in die Welt setzten, war auch dies eine bösartige Verleumdung! Richtig ist allerdings, dass wir uns nichts Wesentliches zu sagen hatten, zumal Adelasia durchaus nicht antipäpstlich gesinnt war, obwohl Gregor ihr sogar mit der Exkommunikation gedroht hatte, falls sie diese Ehe einginge – eine Drohung, die er dann doch nicht wahrmachte.

A: Warum hast Du Dich denn auf dieses politische Geschäft – denn ein solches war es ja wohl – eingelassen?

E: Auch im Hinblick auf dieses sardische Projekt waren mein Vater und ich – wie auch später fast ausnahmslos – „ein Herz und eine Seele". Ich verstand und billigte seinen Anspruch, als gesalbtes Oberhaupt des Heiligen

Römischen Reiches die Einheit aller Territorien zu wahren oder wieder zu gewinnen. Und ich bekenne auch gerne, dass ich froh war, nun ein eigenes Lehen zu bekommen, im Rahmen der kaiserlichen Lehensherrschaft mein eigener Herr zu sein und mit der Heirat eine Königskrone zu erwerben, die mich unter den Söhnen und Paladinen meines Vaters in besonderer Weise auszeichnete.

A: *Von unseren Historikern lerne ich, dass das „Königreich Sardinien", das Du durch Deine Heirat mit Adelasia gewonnen hattest, eigentlich nur aus zwei(einhalb) der vier sardischen „Judikate" (Hoheitsbezirke) bestand – Torres, Gallura und Teilen von Calaris, während das vierte – Arborea – einem eigenen Iudex unterstand. Und trug nicht auch Adelasia den Titel einer „Judikessa"?*

E: Rein formell gesehen ist das richtig. Aber mit dem Anspruch auf die Lehensherrschaft über Sardinien (mit dem der Kaiser sich indirekt zum Rechtsnachfolger von Byzanz erklärte, das seine Herrschaftsrechte über Sardinien aus dem Sieg über die Ostgoten herleitete und sich so als Rechtsnachfolger des untergegangenen weströmischen Reiches sah) änderten sich nicht nur die faktischen, sondern auch die psychologischen Machtverhältnisse. Der Kaiser bestätigte mich ausdrücklich als „Rex Sardiniae". Im Übrigen trug Adelasia auch während ihrer ersten Ehe mit Ubaldo II. Visconti schon den Titel einer Königin von Torres und Gallura.

A: Von „Liebe" konnte also bei dieser Ehe wohl kaum die Rede sein?

E: Nein. „Liebe" war es nicht. Aber wer heiratete zu meiner Zeit schon aus Liebe? Konstanze von Aragon brachte meinem Vater fünfhundert Ritter, Yolante von Brienne die Krone von Jerusalem, Isabella von England Gold und machtvolle Schwägerschaft! Das war das Wichtigste bei der Planung dieser Verbindungen. Sie waren allesamt politische Ehen, Staatsgeschäfte. Ich glaube, dass mein Vater Isabella mochte. Das war dann eine nicht unwillkommene Zugabe. Und auch mit seiner – deutlich älteren – ersten Gemahlin Konstanze hat er sich wohl recht gut verstanden. Zwar gebar sie ihm den Erstgeborenen, Heinrich, letztlich war sie ihm aber eher Ratgeberin als Geliebte. Geliebt hat er wohl nach meiner Mutter vor allem die Piemonteser Markgräfin Bianca Lancia d'Agliano. Nicht von ungefähr verband er sich mit ihr noch offiziell auf deren Totenbett (*in articulo* mortis), um ihre Kinder zu legitimieren. Nicht von ungefähr war ihm mein (Halb-)Bruder Manfred außer mir der liebste seiner Söhne. Was ihn mit der Mutter meines Halbbruders Friedrich v. Antiochien, einer Schwester des ägyptischen Sultans al-Kamil, verband, weiß ich nicht – ganz zu schweigen von den Sarazeninnen des Harems, die gelegentlich sein Lager teilten.

A: *Ein König zu sein bedeutete aber doch wohl mehr als eine Königin geheiratet zu haben und einen Titel erworben zu haben?*

E: Auch damit hast Du recht. In den neun Monaten, die ich mich im Königreich Sardinien aufhielt, war ich bemüht, dessen Verwaltung nach dem Vorbild des *Regnum Siciliae* zu zentralisieren und zu straffen, was eine echte Kraftanstrengung war. Ich verlegte die Hauptstadt von Ardara nach Sassari und ließ dort einen Teil des Zentrums zu einer neuen Residenz um- und ausbauen.

Residenz von Enzio in Sassari

A: Unter der Bezeichnung Domus Regis Henthii *ist zumindest ein Teil Deiner damaligen Residenz am heutigen Corso Vittorio Emmanuel von Sassari noch immer zu bewundern.*

E: Tatsächlich? Manche unserer Spuren lassen sich offenbar jahrhundertelang verfolgen.

A: War denn Adelasia mit dieser Verlegung einverstanden?

E: Nein. Das war sie nicht. Sie blieb schmollend in Ardara, während ich mit meinem Gefolge nach Sassari umzog. Vielleicht rührt das verleumderische Gerücht, dass ich sie eingekerkert hätte, von dieser Unstimmigkeit her. Adelasia und ich kamen uns zwar nicht wirklich nahe, aber wir konnten immerhin ohne dramatische Szenen miteinander reden. Als mich mein Vater zur Übernahme größerer Aufgaben ans Festland rief, schied ich jedenfalls ohne Bedauern.

A: Bist Du je nach Sardinien zurückgekehrt?

E: Nein, dazu hätte mir aber auch die Muße gefehlt. In den folgenden Jahren war ich im Auftrag meines Vaters zumeist im Sattel. Auch Adelasia habe ich nie wiedergesehen, zumal ich keinerlei Verlangen verspürte, sie auf das Festland und an meine Seite zu bitten.

A: Ließ sie sich deshalb nicht sogar scheiden?

E: Ja, zu Beginn der Amtszeit von Gregors Nachfolger, Papst Innozenz IV., wurde sie durch diesen „wegen Ehebruchs" geschieden, obwohl Ehebruch ja kein kirchlicher Scheidungsgrund war. Sie ist dann noch eine dritte Ehe eingegangen. In *Santa Maria del Regno*, dem schwarzen Dom von Ardara, in dem wir vermählt worden waren, ließ sie sich später auch beisetzen.

A: Hast Du mit der Scheidung nicht auch wieder Deinen Anspruch auf die sardischen Judikate verloren?

E: Eigentlich ja. Aber des Kaisers Zugriff auf ganz Sardinien hatte die Lage eben verändert. Ab diesem Zeitpunkt nannte ich mich daher „von Gottes und des Kaisers Gnaden König von Sardinien". Deshalb konnte ich später auch meiner Tochter Elena (der Frucht einer stürmischen Beziehung zu der Toscanerin Frascha) den Anspruch auf den Thron vererben, den die Familie ihres Gatten, des pisanischen Grafen Guelfo II. Doronatico della Gherardesca, dann vermutlich aufrechterhielt.

A: Die semantische Neubestimmung Deines Anspruchs auf die sardische Krone erinnert mich an das weise Wort eines englischen Philosophen, der gut dreihundert Jahre nach dem Zeitpunkt Deines leiblichen Todes geboren wurde. Er hieß Thomas Hobbes und er sagte: „Worte sind weiser Männer Rechenpfennige; nur den

Toren gelten sie als bare Münze, die nach der Autorität alter Doktoren geschätzt wird."

E: Ja, das war offenbar ein sehr kluger Mann. Wenn ich daran denke, wie viele öffentliche Aufrufe und Sendschreiben die Konflikte zwischen Krone und Tiara während meiner irdischen Lebenszeit begleitet haben und wie wenig sie zu einer gütlichen Bereinigung der Kontroversen beigetragen haben, so wohl nicht zuletzt deshalb, weil die in ihnen enthaltenen Worte von den Rivalen um die Herrschaft im Reich jeweils unterschiedlich eingesetzt und/oder gedeutet wurden.

A: Das war sicher so. Über die Jahrhunderte scheint sich an diesem Sachverhalt bis auf den heutigen Tag wenig geändert zu haben. Im politischen Kampf um die Macht werden Worte zu Kampfbegriffen geformt, die dann im Ringen um die öffentliche Meinungshoheit zu scharfen Waffen werden. „The question is, who is the master" antwortet auch Humpty Dumpty in Lewis Carrolls berühmt gewordenem Buch „Alice in Wonderland" auf die naive Frage von Alice, ob man Worten verschiedene Bedeutungen geben könne.

E: Ja, genau darum ging es. Weil man Vater – und dies legitimerweise – nicht nur in seinem Stammland Sizilien, sondern auch in ganz Italien Herr bleiben wollte, rief er seinen Falkenjungen nun aufs Festland, um als Falke seine Gegner zu jagen. Und zum Auftakt dieser Jagd ernannte er mich zum Generallegaten in ganz Italien.

A: Was hieß das konkret?

E: Es bedeutete, dass ich den Generalkapitänen oder Generalvikaren, die als Statthalter in den einzelnen italienischen Provinzen außerhalb des Königreichs Sizilien amtierten, im Rang übergeordnet war, aber dennoch nicht völlig unabhängig schalten und walten konnte, sondern vom Kaiser immer wieder den Auftrag erhielt, in dieser oder jener Region, für oder gegen jene Stadt aktiv zu werden. Als „Ebenbild" des Kaisers (wie dieser es auch in offiziellen Erklärungen zum Ausdruck brachte) war ich also im oberitalienischen *Regnum Italiae* eine – durch meine kaiserliche Herkunft mit einer besonderen politischen Aura hervorgehobene – Art von Vizekaiser.

A: Worin bestand Deine besondere Aufgabe?

E: Theoretisch war ich auch für die Verwaltung und die Rechtsprechung zuständig, hatte also das durchzusetzen, was mein Vater in den Konstitutionen von Melfi und den Assisen von Capua als Gesetzgeber verordnet hatte. In erster Linie war ich jedoch Feldherr. Ich führte – mal im Verbund mit diesem, mal im Verbund mit jenem Generalvikar oder sonstigem staufertreuen Regionalfürsten – kaiserliche Heeresaufgebote. Mal kämpfte ich in der Romagna, mal in der Toscana, oft auch in der Lombardei und zuweilen auch im Herzogtum Spoleto und der Mark Ancona.

A: Und woher stammten Deine Truppen?

E: Die Truppen stellten kaiserlich gesinnte Städte wie u.a. Cremona, Modena, Novara und bis zu deren Verlust an die Guelfen auch Parma. Auch Lodi, Pavia, Tortona und Reggio d'Emilia steuerten immer wieder kleinere und größere Kontingente bei.

A: Erhieltest Du Deine „Einsatzbefehle" vom Kaiser, dem allein Du ja unterstellt warst, oder hast Du über Deine Einsätze selbst entschieden?

E: Sowohl als auch. Manche Aufträge erhielt ich im Laufe von gelegentlichen gemeinsamen Aktionen oder bei geplanten Zusammenkünften oder auch zuweilen durch kaiserliche Sendboten. Im Übrigen war ich mit unseren staufischen Zielen ohnedies sowohl vertraut als auch fast ausnahmslos mit dem Kaiser einer Meinung. Wenn ich keine konkreten regionalen Aufträge erhielt, handelte ich nach eigenem Gutdünken, wobei die konkrete Taktik ohnedies den – sich ständig wandelnden – Gegebenheiten des Augenblicks angepasst werden musste.

A: *Wenn ich die mir zugänglichen historischen Berichte richtig deute, ging es eigentlich stets darum, die bislang reichs- und kaisertreuen Städte und Regionalfürsten bei der Stange zu halten, Wackelkandidaten einzuhegen und durch Frontwechsel verloren gegangene Städte und Fürsten mit Diplomatie zu überzeugen oder mit Gewalt wieder „heim ins Reich" zu holen, um einen Spottvers auf die deutschen Kolonialbestrebungen im 19. Jahrhundert zu zitieren. Stimmt das?*

E: Ja, das ist eine ziemlich genaue Umschreibung meines Tätigkeitsfeldes. Und da wir in der päpstlichen Kurie einen unversöhnlichen Gegner hatten, der mit allen ihm zur Verfügung stehenden materiellen und ideellen Mitteln bestrebt war, die eigene weltliche Machtsphäre auszuweiten und die kaiserliche zu schmälern, stand ich – mit Ausnahme der kurzen Erholungs- und Ruhepausen im Winterlager, nach einem kleineren oder größeren Sieg (und einige Male auch nach einer Verwundung) – fast ununterbrochen in kriegerischen Auseinandersetzungen.

A: *Wenn ich das richtig sehe, haben der staufischen Sache vor allem die zahlreichen, durch päpstliche Gelder geölten Wendehälse zu schaffen gemacht – das also, was aus Eurer Sicht als Verrat gebrandmarkt und was im 19. Jahrhundert in Deutschland von einer national orientierten Geschichtsschreibung als „welsche Tücke" gegeißelt wurde.*

E: Ja, sicher. Aber es war nicht nur Opportunismus und Verrat, der es uns so schwermachte, die kaiserliche Autorität und mit ihr die Reichseinheit in Oberitalien zu wahren. Viele Städte der Lombardei, der Toscana, der Romagna usw. waren nur deshalb so schwer bei der Stange zu halten, weil sie weder guelfisch noch ghibellinisch, weder päpstlich noch kaiserlich regiert, aber eben unabhängig sein wollten.

A: Ja. Im Grunde habe Ihr da auf verlorenem Posten gekämpft. Schon Dein Urgroßvater Barbarossa hat diese Entwicklung auf seinen Feldzügen gegen Mailand und den lombardischen Bund bis hin zu der für die dynastische Landkarte Deutschlands so folgenreichen Niederlage von Legnano schmerzlich erfahren müssen. Und nach dem Tod Deines Vaters haben sich die norditalienischen Stadtgemeinden immer stärker zu unabhängigen Kommunen und Signorien entwickelt, die sich aufgrund ihrer Handels- und Finanzmacht keinem Hoheitsanspruch mehr beugten, sondern nur noch wechselnde Bündnisse eingingen.

E: Im Ansatz habe ich diese Entwicklung noch in Bologna erlebt, sie aber dann nicht mehr verfolgen können. Wenn es aber so ist, wie Du sagst, dann war es ein letztes Aufbäumen der Reichsidee, zu deren Banner- und Schildträger wir Staufer uns machten.

A: Ja, so ist es in der Tat. Aber nicht nur der kaiserliche, sondern auch der päpstliche Machtanspruch sollte sich nach und nach überleben. Dass „Hochmut vor dem Fall" kommt, wie ein deutsches Sprichwort sagt, musste ca. dreißig Jahre nach Deinem Übergang in Dein jetziges Leben Papst Bonifaz VIII. erfahren, der den Anspruch erhob, Lehensherr aller europäischen Könige zu sein, und als Ergebnis dieser Anmaßung in einem französischen Kerker sein Leben beenden musste.

E: Einen ähnlichen Anspruch erhob ja aber auch schon Innozenz III., der meinem Vater zunächst auf den Thron verhalf, als er noch durch ihn seinen Einfluss ausdehnen zu können hoffte, ihn dann aber in seinen späten Jahren heftig bekämpfte, als er sah, dass mein Vater kein williges Werkzeug in seinen Händen werden würde.

A: Eröffnet hat diesen Reigen der päpstlichen Überheblichkeiten aber Gregor VII., der Deinem salischen Urahn, Kaiser Heinrich IV., so schwer zusetzte und ihn außerdem zum (von der klerikalen Geschichtsschreibung zwar überzeichneten, aber doch schmerzlichen) Gang nach Canossa zwang.

E: Diese Demütigung der kaiserlichen Autorität saß auch uns Staufern noch in den Knochen. Es gehörte zu unserem unauslöschlichen Bewusstseinserbe. Deswegen waren wir auch dagegen gefeit, dem päpstlichen Suprematsanspruch „zu Kreuze zu kriechen".

A: Ja, das ist unverkennbar. Allerdings ist auch unverkennbar, dass Dein Geschlecht vielleicht nur deshalb zu königlichem und kaiserlichem Rang aufsteigen konnte, weil der gebannte Heinrich IV. von so vielen deutschen Fürsten im Stich gelassen wurde, Dein Urahn Friedrich von Hohenstaufen ihm die Treue hielt und deshalb auch mit dem Herzogtum Schwaben und Heinrichs Tochter Agnes belohnt wurde, was deren Nachkommen nach dynastischer Logik „imperiabel" machte, wie das in der gestelzten Sprache unserer heutigen Historiker heißt. Würde ein Lehrer dies heute in Deutschland einem Schulkind erklären, so würde er vielleicht sagen, dass die Staufer dank und seit dieser Eheschließung „in einer anderen politischen Liga" spielen konnten.

E: Diese staufische Heirat mit einer Salierin haben meine Geschichtslehrer in Palermo zwar auch erwähnt, aber nicht unter dem von Dir erwähnten Aspekt.

A: Ja, das glaube ich wohl. Schließlich haben sie Dich im strahlenden Kraftfeld Deines Vaters unterrichtet, dessen normannische und byzantinische Vorfahren mütterlicherseits ebenfalls „in der ersten Liga spielten", um unseren volkstümlichen Gemeinspruch noch einmal aufzugreifen. Der Karrieresprung durch die salischstaufische Heirat schien aus dieser Sicht vielleicht vernachlässigbar zu sein. Genau genommen kann man aber kein Glied einer Ursachenkette aussparen, wenn man einen Zustand genau bestimmen will.

E: Auch insoweit bin ich wieder erstaunt, dass man sich nach Jahrhunderten noch Gedanken über solche Ursachenzusammenhänge macht. Deine Gedankenführung erinnert mich sehr an die Art und Weise, in der Vaters Kanzler Petrus de Vinea und manchmal auch der Großhofrichter Thaddäus von Suessa über politische Zusammenhänge sprachen. Mein eigenes Leben war so sehr angefüllt mit Kampfaufträgen, dass ich vor und über allen möglichen oder tatsächlichen Ursachen des mir Aufgegebenen und des mir Widerfahrenen das Walten eines unergründlichen Schicksals sah, dessen filigrane Architektur für mich undurchschaubar blieb und mich daher ob der Forderungen des Tages nicht allzu sehr bekümmerte.

A: Mit dieser inneren Haltung scheinst Du ja zumindest vor dem Schicksalstag von Fossalta ganz gut gefahren zu sein. Wenn ich das richtig sehe, wurdest Du von vielen Deiner Zeitgenossen einerseits als kühner und kraftvoller Kämpfer, „im Gewürge schrecklich, gleich dem zürnenden Achill nach Patrokles' Fall" gesehen (wie es ein Historiker des 19. Jahrhunderts notierte), andererseits aber auch als ein Liebling der Götter wahrgenommen, zumal Dir Deine Gene und Dein Karma wohl ein anmutiges Äußeres und außerhalb des Schlachtgeschehens offenbar auch ein freundliches und großmütiges Wesen geschenkt hatten. In unserer heutigen westlichen Welt hätte man Dich in Deinen guten Jahren vielleicht mit einem englischen Ausdruck als (vergleichsweise unbekümmerten) „Sunny Boy" bezeichnet.

E: Das blieb allerdings nicht immer so. In Bologna hatte ich dann genug Zeit, über die zahllosen Gereimtheiten und Ungereimtheiten meiner Feldherrenjahre nachzudenken – über meine strategischen und taktischen Fehlentscheidungen und über die Gründe, die mich aus dem Gleichgewicht brachten.

A: An was denkst Du in diesem Zusammenhang?

E: Zwar habe ich oft gesiegt, aber durch meine Unvorsichtigkeit auch eine Reihe von strategischen Fehlern begangen. So etwa, als ich im Kampf gegen die Lombarden bei Gorgonzola mit einem zu kleinen Gefolge vorpreschte, in einen Hinterhalt und – freilich nur kurzfristig – in Gefangenschaft geriet. Ein von mir nicht ausreichend gewürdigtes Vorzeichen! Noch unvorsichtiger war ich, als ich Parma ohne ausreichende Bedeckung ließ und so den innerstädtischen Aufstand der guelfischen Patrizier möglich machte. Auch die missglückte Belagerung von Piacenza war kein Meisterstück. Warum mir mein Vater deshalb keine Vorhaltungen machte, ist mir ein Rätsel.

A: Allerdings hat er Dir doch die – Dir zuvor als Beweis seiner besonderen Gunst und als Dank für Deine unverbrüchliche Treue zugesprochenen – toskanischen Reichs-

lehen Garfagnana, Varese Ligure, Versilia und Lunigi-
ana wieder entzogen.

E: Ja, aber das war keine Reaktion auf meine Pannen, sondern strategisch unumgänglich, um Pisa und Lucca bei der Stange zu halten. Wir hatten das miteinander abgesprochen. Wäre dies später noch möglich gewesen, hätte mich mein Vater – wie vereinbart – mit anderen Reichslehen reich entschädigt. Meine toskanischen Lehen hatte ich ohnedies nur ein einziges Mal in Augenschein genommen; im eigentlichen Sinne niedergelassen hatte ich mich dort noch nicht. Als Verlust konnte ich diesen lediglich taktischen Entzug daher auch nicht empfinden. Meinem Vater gram zu sein, hatte ich wenig Grund. Er rühmte mich selbst dann und dort noch als siegreich, wo mein Beitrag – wie bei der Seeschlacht von Giglio und Monte Christo – sich auf die strategische Planung und die militärische Absicherung beschränkte. Auch muss ich mir eingestehen, dass meine Stärke eher in einer Art von militärischem Draufgängertum als in strategischer Bedachtsamkeit lag, was ja dann auch am Tag von Fossalta bittere Folgen hatte.

A: Als eine Art von Bestrafung konnte diese Transaktion wohl auch deshalb nicht empfunden werden, als auch Dein Vater selbst unfassbar unvorsichtig handelte, als er bei der späteren Belagerung von Parma um eines Jagdausfluges willen seine Lagerstadt Victoria ohne ausreichende Sicherung verließ und so den ganzen

77

Staatsschatz, die Kronjuwelen und seinen getreuen Großhofrichter Thaddäus von Suessa verlor.

E: Ja, aber wenn ich Parma nicht verloren hätte, hätte er es erst gar nicht belagern müssen.

A: Dieser Logik kann ich nicht widersprechen. Im Übrigen habe ich aber fast auch den Eindruck, dass Ihr nach dem Fall von Parma und erst recht nach dem Verlust von Victoria nicht mehr so recht an den Sieg der staufischen Sache in Oberitalien glauben konntet.

E: Dem mag ich nicht zustimmen. Mein Vater war ungebrochen. Und noch bei meiner Hochzeit mit Ezzelinos Großnichte, die wir einige Monate vor Fossalta in Cremona feierten, waren wir voller Zuversicht, den Niedergang noch aufhalten zu können.

A: Hat Dir Deine zweite Frau mehr bedeutet als Deine erste, von der Du ja durch Papst Gregor IX. schon lange zuvor geschieden worden warst?

E: Sie war ein freundliches und verständiges Mädchen. Aber Hauptgrund für diese, auch von meinem Vater empfohlene, Verbindung war die noch engere Waffenbrüderschaft mit meinem Schwager Ezzelino, der als Herr von Verona einer der wichtigsten Pfeiler der kaiserlichen Autorität in Norditalien war. Wer Verona beherrschte, beherrschte den Weg nach Deutschland. Das hatte schon mein Urgroßvater Barbarossa nach der Niederlage von Legnano schmerzlich erfahren müssen, als ihm die Herren *delle Scale* beim Rückzug nach Deutschland in der „Veroneser Klause" den Weg verlegten.

A: *Sehr lange konntest Du Dich dieser zweiten Ehe ja nicht erfreuen. Haben denn Frauen überhaupt eine emotionale Rolle gespielt in Deinem Leben?*

E: Viel Zeit hatte ich nicht, mich Frauen zu widmen. Aber natürlich gab es etliche, denen ich zugetan war und die mir zugetan waren. Die mir wichtigste war Frascha, die Mutter Elenas, der ich während meines Aufenthaltes im Kloster Santa Maria in Porto bei Ravenna begegnete, wohin ich mich begab, um eine Verwundung auszukurieren. Als Novizin war ihr meine Pflege anvertraut. Ihre Liebenswürdigkeit hat mich zutiefst berührt und noch lange gewärmt. Dem Kloster freilich ging sie verloren, da sie mir Elena gebar. Als Ausgleich und „Sühne" für diesen Verlust stellte ich das Kloster unter den Schutz des Reiches. Und da Frascha aus einer pisanischen Familie stammte, arrangierte ich später die Ehe mit dem pisanischen Grafen Guelfo II. Doronatico von Gherardesca.

A: *In Deinem Testament hast Du aber auch noch zwei weitere Töchter erwähnt – Maddalena und Costanza.*

E: Sie wurden mir von Lucia da Viadagola geschenkt, die immer wieder dafür sorgte, dass mir die Bologneser Jahre nicht allzu schwer wurden.

A: Deine beiden jüngsten Töchter kennen wir nur aus Deinem Testament. Über ihr weiteres Schicksal ist uns nichts bekannt. Hoffentlich hat ihnen der von Dir darum gebetene König Alfons X. von Kastilien tatsächlich würdige Ehemänner vermittelt. Immerhin hast Du ihm ja auch die – Dir nach dem Tod Deiner legitim geborenen Halbbrüder auch formal zustehenden – Kronen Siziliens und Jerusalems vermacht ...

E: Solches zu wissen, ist uns diesseits des „großen Vorhangs", von dem Du sprachst, verwehrt. Alle Konturen, alle Widersprüchlichkeiten des Lebens und alle Gegensätze verschwimmen letztlich in einem Nirgendwo.

A: Oder vielleicht doch in einem ganz bestimmten, göttlichen Irgendwo. Zwei Lebensalter nach Deiner Zeit hat der Theologe, Philosoph und Kirchenfürst Niklas von Kues in seinem Werk über „Die gelehrte Unwissenheit" und in seinem Werk über den Charakter von „Mutmaßungen" das göttliche All-Eine in Fortführung der im Ansatz platonisch geprägten Ideenwelt Thomas v. Aquins und Meister Eckarts als die „coincidentia oppositorum" bezeichnet, was ich sicher nicht zu übersetzen brauche, da Latein die Dir geläufige Kanzleisprache Deiner Zeit war.

E: Wenn ich daran zurückdenke, wie viele Gedanken man sich während meiner Lebenszeit in Deiner Welt über meine jetzige Welt gemacht hat und wieviel Blut vergossen wurde, um ein Verhalten zu erzwingen, das diesen Gedanken entsprach, weiß ich nicht recht, ob ich lachen oder weinen sollte, wenn ich dies noch könnte. Zwar bleibt mir auch jetzt noch vieles verborgen oder doch nicht ganz verständlich, und ich habe Dir auch gesagt, dass wir darüber nicht zu Euch Sterblichen sprechen dürfen. Soviel aber kann ich Dir sagen und wage ich Dir zu sagen: Alles ist ganz, ganz anders, als es unsere Priester behaupteten und als auch ich es mir vorgestellt hatte.

A: Was Du so klar zum Ausdruck bringst, hätte mich in meinen frühen Jahren sehr erschüttert, heute verwundert es mich nicht mehr. Da ich ohnedies nicht nachfragen darf, möchte ich es so stehen lassen. Und da es inzwischen Abend geworden ist und ich zugegebenermaßen ob all dem von Dir Erfragten und all dem von Dir Gesagten sehr müde geworden bin, wäre ich sehr dankbar, wenn wir nun eine Pause machen könnten und ich mich morgen wieder an Dich wenden dürfte, um über die Zeit „nach Fossalta" zu sprechen.

E: Hier kennen wir zwar diesen Tag-Nacht-Rhythmus nicht mehr, aber im Rückblick erinnere ich mich wieder, welch große Bedeutung er auch für mich hatte – ebenso wie auch der Wechsel der Jahreszeiten. Zu den wenigen

Ruhezeiten in der fast ununterbrochenen Folge meiner Feldzüge gehörten die Winterlager, die ich zumeist in Cremona aufschlug.

A: Das hattest Du schon erwähnt, und auch, dass Dir das stets ghibellinisch gesinnte Cremona, der Wohnsitz Deiner Schwester Caterina, besonders am Herzen lag.

E: Ja, dort konnte ich mich sicher fühlen. Die ghibellinische Partei Cremonas war besonders stark, den Mailändern spinnefeind und den Staufern in unverbrüchlicher Treue verbunden. Der Palazzo del Podestà (ein Amt, das ich im Jahr meiner Gefangennahme dort vorübergehend selbst ausübte) war sicher, wohlausgestattet und bequem. Außerdem gab es dort eine vorzügliche Küche und hübsche Damen…
Nun überlasse ich Dich aber der Nachtruhe nach einem Dich offenbar sehr bewegenden Gespräch. Bis morgen!

A: Tausend Dank für Deine Offenheit! Und bis bald!

7. Das Zwiegespräch
- Zweiter Tag –

A: *Welch' eine Wohltat ist doch das Erwachen nach einer erholsamen Nachtruhe! Dir, Enzio, einen „Guten Morgen" zu wünschen, ist angesichts dessen, was Du mir gestern über das Fehlen eines Tag-und-Nacht-Gegensatzes in Deiner Welt gesagt hast, ziemlich absurd. Ich tue es dennoch, um wieder eine mentale Brücke zu schlagen.*

E: Sie ist bei mir gelandet, und ich bin nun gespannt, was Du heute noch von mir hören möchtest.

A: *Die Zäsur, die unserem Gespräch durch den irdischen Tag-Nacht-Rhythmus gesetzt wurde, möchte ich dazu nutzen, auf die große Zäsur in Deinem Leben zu sprechen zu kommen.*

E: Du denkst an Fossalta?

A: *Ja, ich denke an Deine „letzte Schlacht" und Deine Gefangennahme durch die Bolognesen am 26. Mai 1249.*

E: Es war ein ungewöhnlich heißer Tag; das von Kanälen durchzogene Gelände war schwierig und die meiner Tigernatur so angemessene Art des Sturmangriffes mit der Kavallerie in diesem Falle nicht durchführbar, da der Boden zu sumpfig war. Während meine Cremoneser

83

und Modeneser mit der ihnen einigermaßen vertrauten Umgebung leidlich zurechtkamen, hatten meine deutschen Ritter und Bodentruppen große Schwierigkeiten. Statt in sicherer Entfernung meine Truppen bald hierbald dorthin zu lenken, stürzte ich mich – wie so oft – ungeduldig ins Kampfgetümmel. Als mir gegen Abend an der St. Ambrosio-Brücke über die Guizzana das Pferd unter dem Sattel erstochen wurde, wurde ich samt meiner Leibgarde von einem so dichten Ring umschlossen, dass wir nach erschöpfendem Abwehrkampf nicht mehr ausbrechen konnten und die Waffen strecken mussten.

A: Wie damals bei Gorgonzola bist Du also auch hier wieder ein Opfer Deiner Ungeduld und Kühnheit geworden.

E: Leider kann ich Dir insoweit nicht widersprechen.

A: Wie die Quellen berichten, haben Dich die Führer des Bologneser Aufgebotes, der Podestà Filippo Ugoni und der Bischof Ottaviano Ubaldini, dann aber von Anfang an in ritterlicher Haft gehalten.

E: Du tust gut daran, dies zu betonen. Eine Selbstverständlichkeit nämlich war dies nicht.

A: Aber eben ein Zeichen für den Respekt und die Wertschätzung, die man Dir vor allen anderen kaiserlichen Feldherrn entgegenbrachte.

E: Ja, das stimmt. Als man mir erlaubte, hoch zu Ross, angetan mit prachtvoller Gewandung und sogar mit Kronhelm in Bologna einzureiten, musste ich daran denken, wie Cäsar einst den Gallierfürsten Vercingetorix in seinem Triumphzug durch Rom zu Fuß und in Ketten mitführte und wie Germanicus dies auch schmachvoll mit Thusnelda und Tumelicus, der Gattin und dem Sohn von Hermann dem Cherusker, tat.

Der Palazzo Re Enzo in Bologna

A: *Es steht mir ja nicht zu, Dir moralische Vorhaltungen zu machen. Aber die Frage sei mir doch erlaubt, ob Du besiegte Gegner in ähnlicher Weise behandelt hast.*

E: In den ersten Jahren meiner Feldherrn-Laufbahn war dies durchaus der Fall. Nach den päpstlichen Mordan-

85

schlägen und der fast ununterbrochenen Serie von Verrat und Eidbruch hatte sich auch meine Seele verhärtet. Ich bin nicht stolz darauf. Aber ich wusste mir eben nicht mehr anders zu helfen, als diesen ständigen Angriffen und Nachstellungen durch Abschreckung zu begegnen.

A: *Was Dir wie Deinem Vater und Deinen Brüdern nicht gelingen konnte, weil die „qualità dei tempi" (wie es später der Florentiner Niccolo Machiavelli formulierte) dies nicht mehr erlaubte. In Gestalt des Autonomiestrebens der im lombardischen Bund vereinten oberitalienischen Städte war der „Zug der Zeit" längst in einer anderen Richtung abgefahren.*

E: Vergiss nicht den Anteil an diesem Geschehen, der dem Walten der Fortuna zuzuschreiben ist.

A: *Das Du ja in Deinem berühmt gewordenen Lied besungen hast*
> *„Zeiten kommen, die führen zu Sternen*
> *Zeiten, die sich in Abgründe senken.*
> *Zeiten zu lauschen, Zeiten zu lernen*
> *Zeiten zu reden und Zeiten zu denken."*

E: Ja, spätestens nach dem Schock von Fossalta hatte ich hinreichend Grund, über die Wechselfälle des Schicksals nachzudenken. Trotz des sich mir auch schon zuvor in überbordender Fülle bietenden Anschauungsmaterials hatte ich mich den jeweiligen Herausforderungen des Tages zumeist allzu unbekümmert gestellt.

A: Man hielt Dich also – wie die Quellen berichten – im Stadtpalast, dem heute nach Dir benannten Palazzo Re Enzo, in ehrenvoller Haft. Das heißt: Du durftest den Palast zwar in den ersten Jahren nicht verlassen, konntest Dich dort aber frei bewegen und auch nach Deiner freien Wahl Besucher empfangen. Später, berichten einige Zeitgenossen, konntest Du in Begleitung von Wächtern auch manchmal den Palast verlassen.

E: Ja, so war es. Die Wächter durften zwar nicht mit mir sprechen. Man erlaubte mir aber drei Bedienstete. Auch konnte ich ungehindert Briefe schreiben und Besucher empfangen. Von der Commune wurden die Patriziersöhne geradezu ermutigt, mir Gesellschaft zu leisten. Offenbar wollte man mich – das Prachtstück im goldenen Käfig, mit dem man prahlen konnte – bei Laune halten und auch der *jeunesse dorée* eine noble Gesellschaft bieten. Angehörige der eher ghibellinisch als guelfisch gesinnten Familien Bolognas – der Lambertazzis etwa und der Asinellis – suchten mich häufig auf. Fast bildete sich so etwas wie ein kleiner Hofstaat um mich. Und auch die Mittel für meinen standesgemäßen Unterhalt, für Schneider, Schuster und Lieferanten, stellte die Gemeinde. Wir diskutierten und musizierten zusammen. Die Stimmung war in den ersten Jahren, vor allem aber solange mein Vater noch lebte, eher heiter als bedrückt. Dies galt umso mehr, als mir am Anfang auch noch eine ganze Reihe von Vertrauten, die mit mir in Gefangenschaft geraten waren, Gesellschaft leisten konnten – darunter Marino da Eboli, Buoso da Dovara und Konrad von Solimburg. Dieser allerdings, der sehr lange nicht freigelassen wurde, wurde mir wegen seiner oft albernen Possen und seines lauten Gehabes zunehmend lästig.

A: Ich vermute, dass Deine Zuversicht, wieder befreit zu werden, auf der – sicher nicht unbegründeten – Erwartung beruhte, dass Dein Vater Dich freipressen oder freikaufen würde.

E: Schließlich waren solche Prozeduren üblich. Und auch ich war nicht zum ersten Mal in Gefangenschaft geraten.

A: Die dringenden Appelle Deines Vaters an die Bologneser, Dich freizugeben, sind uns erhalten. Für ihn war der Verlust seines „Falken" Enzio ein schwerer Schlag. Deshalb auch seine Bitten, seine Versprechungen und seine Drohungen. Er wolle, so liest man in seinem Brief an die Commune, im Falle Deiner Freilassung Bologna „über alle Städte der Lombardei erheben", im Falle der Nicht-Freilassung aber werde er Bologna mit aller Macht belagern, zerstören und (vielleicht dachte er dabei an Troja) zur fernen Legende werden lassen ...

E: Ja, ich kannte dieses flammende Schreiben, und ich kannte auch die „bissige" Antwort der Kommune, dass auch ein Eber von einem kleinen Hund festgehalten werden könne ...

A: Hat Dein Vater nicht auch Deinen Austausch gegen den Sohn des guelfischen Markgrafen Bonifacio di Monferrato angeboten?

E: Ja, und es wurde auch über ein gigantisches Lösegeld verhandelt. Zum Entsetzen seiner Räte bot mein Vater sogar an, als Preis für meine Freilassung einen meterdicken Ring aus Silber um die Stadt legen zu lassen! Meine mitgefangenen Gefährten wurden ja auch – wie in solchen Fällen üblich – nach und nach gegen Lösegeld freigelassen.

A: Das geradezu monströse Lösegeld, das Dein Vater für Deine Freilassung bot, zeigt überdeutlich, wie (im wahrsten Sinne des Wortes) „teuer" Du ihm warst. Dass sich die Bolognesen taub stellten, zeigt einerseits, wie groß Dein Stellenwert im Ringen zwischen kaiserlichem Autoritätsanspruch und städtischem Autonomiestreben war. Andererseits zeigt es aber auch, wie verbissen sich das ghibellinische und das guelfische Lager gegenüberstanden, dem Bologna als die nach Mailand zweitmächtigste Commune des lombardischen Bundes seit langem mehrheitlich angehörte. Noch heute kann man die guelfischen Schwalbenschwanz-Zinnen des *damaligen* Palazzo Nuovo del Commune *und heutigen Palazzo Re Enzo auf dem heute einem Neptun-Brunnen von Giambologna zugewandten Westflügel bewundern, in dem sich der prächtige Saal befindet, den man Dir zur Verfügung stellte.*

E: Der allzu frühe Tod meines Vaters hat allen Hoffnungen auf eine baldige Befreiung ein Ende bereitet. Zum Schmerz über den Verlust des mir trotz all seiner majestätischen Ferne seelisch so nahen Vaters kam dieser bodenlose Hoffnungssturz.

A: Deine Hoffnungen konnten sich nunmehr nur noch auf Deine Halbbrüder Konrad, Friedrich von Antiochien und Manfred stützen.

E: Ja. Sie alle aber hatten Mühe, sich selbst zu behaupten: Konrad zunächst in Deutschland, dann in Süditalien, wo er vier Jahre nach unserem Vater – wie unser Großvater Heinrich VI. – einem Sumpffieber erlag. Dass er auf Veranlassung von Manfred vergiftet worden sei, halte ich für ein von unseren Gegnern ausgestreutes, bösartiges Gerücht. Schon zwei Jahre später starb dann Friedrich von Antiochien bei der Belagerung von Foggia.

A: Danach werden sich Deine Hoffnungen auf Deinen Dir und dem Vater so ähnlichen Halbbruder Manfred gerichtet haben, dem letzten Träger der (eigentlich

Konrads IV. Sohn Konradin zustehenden) sizilianischen Krone.

E: Ja, zumal in ihm der alte Staufertraum noch einmal aufzuleben schien und ihm aus allen politischen Rängen viel Sympathien entgegengebracht wurden.

A: Seine Kräfte waren aber doch sehr auf das König-reich Sizilien konzentriert – auf das Land, auf das sich auch Deine Sehnsucht richtete, wie wir nicht nur ahnen können, sondern auch aus einem Deiner schönsten Verse wissen, wo es u.a. heißt

> *„Va, cansonetta mia …*
> *Salutami Toscana*
> *Quella ched è sovrana*
> *In cui regna tutta cortesia.*
> *E venne in Puglia péana*
> *La magna Capitana*
> *Là dov'è lo mio Core nott' e dia …"*

E: Ja, daran erinnere ich mich wohl. Und als Manfred, der mir von Kindheit an vertraute, die – nicht durch den Willen Friedrichs, wohl aber durch die Umstände legi-timierte – Königsherrschaft im *Regnum Siciliae* angetre-ten hatte, wurde diese Sehnsucht übergroß.

A: Dass aber Manfred in der Lage sein würde, sich in der Lombardei und der Romagna mit Heeresmacht durchzusetzen oder gar Bologna zu bezwingen, war aus heutiger Sicht unwahrscheinlich, obwohl er es ja gegen Ende seiner Regierungszeit noch versucht hat und zumindest in der Toscana erfolgreich war.

E: Da hast Du sicher recht. Aber wie der Mythos vom Krug der Pandora weiß, harrt die Hoffnung am Boden dieses Kruges aus und nährt und narrt den, der aus ihm trinken muss.

A: Sechzehn Jahre lang also wolltest, konntest und musstest Du noch auf ihn hoffen, der Dir von Jugend wohl von all Deinen Brüdern der nächste war.

E: Ja. Erst seine Niederlage und sein Tod in der Schlacht von Benevent haben mich von meinen Hoffnungen auf fremde Hilfe endgültig (muss ich fast sagen) befreit. An Konradins Erfolg konnte ich nicht mehr recht glauben. Und so kam es ja dann auch.

A: Entstand der Fluchtplan erst nach Deines Neffen Konradin Hinrichtung durch Karl von Anjou?

E: Erwogen hatte ich Fluchtversuche schon zuvor. Angesichts einer Wachmannschaft von sechzehn wehrhaften Männern schien mir ein solcher Versuch aber lange völlig unrealistisch. Nach Konradins Niederlage und Tod allerdings hatte ich nur noch die Wahl zwischen einer endgültigen Resignation und einem wagemutigen

Versuch. Hinzu kam, dass ich nun der letzte noch lebende männliche Staufer war und nach dem Tod aller legitimen Nachkommen nominell auch Erbe des Herzogtums Schwaben, der Königreiche von Burgund, Sizilien und Jerusalem, während mir dank kaiserlicher Belehnung die Krone Sardiniens ohnedies zustand.

A: Außerdem war Dir durch Deine Korrespondenz und durch Deinen Umgang mit Bolognesen und Ghibellinen sicher auch bekannt, wie verhasst sich Karl von Anjou, der heillose Bruder König Ludwig des Heiligen von Frankreich, schon bald im Königreich Sizilien gemacht hatte.

E: Ja, das war mir wohlbekannt. Als mir meine Freunde zwei Jahre nach Manfreds Tod von der Niederlage Konradins in der Schlacht von Tagliacozzo und seiner Hinrichtung in Neapel berichteten, war ich nahe dabei, ähnlich zu enden wie der treulose Pietro de Vinea.

A: Der sich, wie wir wissen, im Kerker selbst das Leben nahm. In dieser Situation entstand wohl auch Dein an die biblische Klage Hiobs erinnerndes Liedgedicht, in dessen letzter Strophe es heißt:

„Oh sieh, wie Schmerz und Qualen aus mir blühen.
Sie überströmen meines Herzens Ränder
Und überfluten mich mit solcher Macht,
Dass ich es nicht bezwing, ich bin nicht stärker.

Und ruhelos dahin die Tage ziehen,
So wie des Meeres ew'ge Wellenbänder.
Entflieh der Not, verlasse deines Körpers Kerker!
Oh käm doch die ersehnte Todesstunde,
Denn lieber sterben als nur dieses denken:
Es sei das Leben nicht mehr lebenswert
Für einen Menschen, dem nur Leid beschert,
An den sich Freude nie mehr will verschenken,
Und den das Glück vergisst bei jeder Runde."

E: Daran, dass ich sehr verzweifelt war, erinnere ich mich schon. An diese Verse allerdings nicht mehr. Dass sich ein aus meiner Sicht Jenseitiger derart mit meinem irdischen Schicksal befassen würde, hätte ich mir aber – ich wiederhole es – nicht vorstellen können. Dass ich zu diesem Gespräch bereit sein musste, wird mir immer verständlicher. Denn eine Selbstverständlichkeit sind solche Gespräche jenseits von Zeit und Raum keineswegs. Und ich denke, dass auch dieses Gespräch nun seinem Ende entgegengeht.

A: In gewissem Sinne aber vielleicht auch seinem Höhepunkt. Immerhin spricht ein anderer Liedvers eine andere Sprache, in dem es u.a. heißt:

„Doch soll der Zweifel mich noch nicht besiegen"...
Und: „Noch soll mein Herz voll Bangnis nicht verza-
gen"...

E: Ja, das war ein letztes Aufbäumen gegen ein über-mächtig erscheinendes Schicksal.

A: *Ein seelisches Aufbäumen, dem ja dann auch der Entschluss zu einer kühnen Tat folgte.*

E: Ja. Da ich nichts mehr zu verlieren hatte, ließ ich mich auf den von zwei ghibellinisch gesinnten Vertrauten vorbereiteten Fluchtversuch ein, dessen sich die Legendenbildung wahrscheinlich in reichem Maße be-mächtigt hat. Der mir als mein Wein-Lieferant seit lan-gem bekannte Küfer Filippo, der mich am helllichten Tag in einem leeren Fass aus dem Palast trug, musste den Versuch, der ihn zum reichen Mann machen sollte, nach dessen Scheitern mit dem Leben bezahlen. Der am vereinbarten Stadttor mit Pferden bereitstehende Freund konnte entkommen. Ich selbst aber musste nun alle Hoffnung auf Befreiung aufgeben, da ich von nun an sehr viel schärfer bewacht wurde als je zuvor: Selbst Lucia Viadagola und unsere beiden Töchter durfte ich nun nicht mehr sehen – sie, deren Auge mich schon beim Einzug in Bologna liebevoll „erkannt" und die eine Wärme in meine Bologneser Jahre gebracht hatte, wie ich sie in den Jahren meiner Macht und Pracht nie erfahren hatte.

A: *Stimmt es eigentlich, dass Dich eine aus dem Spund-loch ragende blonde Locke verraten habe?*

E: So war es wohl. Trotz – zu diesem Zeitpunkt fast zwanzigjähriger – Haft hatte ich noch immer meinen blonden Haarschopf, von dem offenbar etwas sichtbar war.

A: Ja, Fortuna war Dir nicht mehr gewogen. Zwar war Deine Haft ausgesprochen königlich, wenn ich sie mit dem unsäglich grausamen Kerkerschicksal von Deines Bruders Manfred Gemahlin Helena und ihrer vier Kinder im Castel del Monte vergleiche. Gerade am Schicksal von Manfreds Familie wird deutlich, welche Abgründe an Hass sich in diesem langen Ringen zwischen Krone und Tiara angestaut hatten. Vor derartigen Ungeheuerlichkeiten hat Dich Dein Karma und die Klugheit der Bolognesen bewahrt. Aber dem stolzen Falken wurden eben doch die Schwingen gestutzt, was Dir wohl letztlich die Freude am Leben nahm, wie dies ja auch in Deinen letzten Versen zum Ausdruck kommt.

E: Nach dem gescheiterten Versuch, als letzter überlebender männlicher Staufer noch einmal das Reichsbanner über Italien wehen zu lassen, erschien mir das Leben tatsächlich nicht mehr lebenswert. Ich regelte die „letzten Dinge" und bereitete mich für den Übergang vor, dessen Vorboten mir daher auch eher willkommen waren.

A: Was mich bei der Betrachtung Deines Lebens sehr beeindruckt hat, ist die Tatsache, dass Dir auch nach

Deinem unumkehrbaren Ausbruch aus dem goldenen Käfig von Deinen Zeitgenossen – und zwar nicht nur von Deinen Gesinnungsfreunden, sondern auch von Deinen Gegnern – so viel respektvoller Nachruhm entgegengebracht wurde. Die Bolognesen haben Dich mit königlichen Ehren gefangen gehalten und mit königlichen Ehren bestattet, die Mitwelt hat Dir in allen Lagern fast ausschließlich Achtung entgegengebracht. Trotz aller Tragik lag unverkennbar auch ein goldener Glanz über Deinem Leben. So schrecklich Du als ungestümer und todesmutiger Kriegsheld Deinen Gegnern auch gewesen sein magst, so unverbrüchlich Du Deinem von so vielen gehassten Vater auch die Treue gehalten hast und so sehr Du Dich auch in der von Verrat und Meuchelmord vergifteten Atmosphäre Deiner letzten Jahre als Feldherr zur Härte hast hinreißen lassen – man schien es Dir nicht nachzutragen. Das Bild des jugendlich-strahlenden, außerhalb des Schlachtfeldes liebenswürdigen Dichters und Sängers blieb unverstellt, während die Erinnerung an die schmähliche Behandlung von König Manfreds Familie und den an Konradin und seinen Gefährten begangenen Justizmord die Erinnerung an den als Schachfigur französischer Päpste in ihrem unerbittlichen Machtkampf gegen die Hohenstaufen ins Land geholten Karl von Anjou auch nach Jahrhunderten noch gänzlich verdüstert hat.

E: Wenn dies so ist, so soll mir dies recht sein. Erklären kann ich es mir aber auch nicht, falls es tatsächlich so sein sollte. Während der letzten Jahre meiner Gefangenschaft habe ich mehr über meine Schwächen als über meine Stärken und Gnaden nachgedacht. Über meinen an Tollkühnheit grenzenden Leichtsinn, der mir zwar so manche rasche Erfolge eingebracht, aber zuweilen auch – wie damals bei Gorgonzola, bei der missglückten Belagerung von Piacenza, beim Verlust von Parma und schließlich auch noch bei Fossalta – schmerzhafte Konsequenzen nach sich zog. Als Reiterführer war ich sehr viel erfolgreicher denn als Schlachtenplaner. Das strategische Genie meines sehr viel erfolgreicheren Vaters hatte ich leider nicht geerbt.

A: Dein leidenschaftliches Temperament hat Dich dann wahrscheinlich auch zu den schon in unserem ersten Gespräch erwähnten, wirklich dunklen Punkten in Deiner Laufbahn verführt – der grausamen Behandlung der insgesamt sechshundertfünfzig Gefangenen nach den Treffen von Gorgonzola, der Vernichtung der Mantuanischen Handelsflotte, der Niederschlagung des Aufstandes in Reggio und der Eroberung von Airola – Ereignisse dies, die von zeitgenössischen Chronisten mit peinlicher Genauigkeit registriert wurden. Da ich auch von ghibellinischer Seite keine Gegendarstellungen gefunden habe, gehe ich davon aus, dass sie der Wahrheit entsprechen könnten.

E: Du bist ja gespenstisch gut informiert über Ereignisse, die mir sehr, sehr weit entrückt sind. Sehr wohl weiß ich aber, wie schon mehrfach erwähnt, dass mir die aus meiner heutigen Sicht völlig unverständliche Hartherzigkeit in meinen letzten Jahren als Feldherr immer schwerer auf der Seele lag. In der Hitze des Abwehrkampfes gegen überall lauernden Verrat und überall lauernde Mordfallen, im Einklang auch mit den kaiserlichen Ahndungsaufträgen und zudem in der festen Überzeugung, im Recht zu sein und das zur Abschreckung Notwendige zu tun, habe ich diese Taten unleugbar begangen. Nein, ein Engel war ich nicht, wenn ich auch so mancher schwarzgelockten Dame als solcher erschienen sein mag.

A: *Und doch, auch ich wiederhole es, blieb Dein Bild sowohl in der Erinnerung Deiner Zeitgenossen als auch im Rückspiegel der Jahrhunderte ungewöhnlich licht.*

E: Wenn dies tatsächlich so sein sollte, so vielleicht deshalb, weil das Bild meines Jahrhunderts insgesamt vergleichsweise düster war, weil es von einer nicht enden wollenden Folge von Machtkämpfen, von Hass, Verleumdung, Mord und Totschlag durchzogen war.

A: *Ja, aber all dies waren wohl auch Begleiterscheinungen einer sich unverkennbar ereignenden Zeitenwende, in der auf allen sozialen Ebenen geistiger und politischer Beharrungswille auf geistigen und politischen Fortschrittswillen traf – zwei unversöhnlich scheinende Mächte, deren Antagonismus ihr Schicksalsweg war. Und Du selbst warst Teil dieses schicksalhaften Ringens. Zum „Staunen und Wandler der Welt" (wie ihn ein Zeitgenosse nannte) wurde Dein Vater, weil er in beispielhafter Weise und in alles überragender Stellung zum Herold dieser sich ankündigenden Zeitenwende wurde, während sich Papst und Klerus (und dies oft genug in verachtenswerter Haltung und mit verwerflichen Methoden) als Statthalter der Beharrung erwiesen.*

E: Auch die Methoden meines Vaters, das muss ich widerwillig einräumen, waren zuweilen selbst für mich schwer nachvollziehbar. Das Experiment, mit dem er die Ursprache der Menschheit erforschen wollte (und dabei – im Ergebnis – das Leben von Neugeborenen opferte) wie auch jenes andere, mit dem er auf Kosten des Lebens eines Gefangenen bei der Belagerung von Parma die Existenz einer sich materiell manifestierenden Seele bei deren Austritt aus dem Körper erkunden wollte, hat selbst mich verstört.

A: Wo viel Licht ist, ist auch viel Schatten, lautet ein heute weit verbreitetes Sprichwort. Im Gegensatz zu seinem großartigen Buch über die Falkenjagd werden diese uns überlieferten Experimente auch von den zahlreichen Bewunderern Deines Vaters als zutiefst inhuman erachtet. Leider blieb es meinem (dem 20./21. Jahrhundert) vorbehalten, ebenso grausame oder noch grausamere Taten unter dem Deckmantel der Wissenschaftlichkeit zu begehen.

E: Dazu kann ich nichts sagen, da ich davon nichts weiß. Unsere Aufgabe hier ist es, dort anzuknüpfen, wo wir in unserem Jenseits stehengeblieben waren. Wie es dort weitergeht, betrifft uns nur dann, wenn wir selbst zu einer irdischen Existenz zurückkehren, um auf unserem persönlichen Weg zur All-Einheit weiterzukommen. Nur so kann ich mir erklären, dass manche diesen beschwerlichen Weg gehen und andere nicht. Ob sie dies aus eigenem Antrieb tun oder auf höhere Anweisung, ist mir zu wissen verwehrt.

A: Ich danke Dir von Herzen für diesen Hinweis. Mehr zu wissen steht wohl auch mir Noch-Diesseitigem nicht zu. Und schon gar nicht steht es mir zu, Dich nach Deinem jetzigen Weg zu fragen, da ich seine Gesetzlichkeiten in meinem jetzigen Bewusstseinszustand wohl ohnedies nicht wirklich begreifen könnte. Zutiefst dankbar bin ich Dir aber, dass Du mir so freimütig über Deine irdische Existenz als kaiserlicher Prinz und Feldherr Auskunft gegeben hast – eine Existenz, die mich, wie nun schon oft genug betont, merkwürdigerweise schon in ganz jungen Jahren und dann immer wieder während meines nun schon ziemlich lange währenden irdischen Lebens nicht nur geistig, sondern auch seelisch berührt hat.

E: Da Deine Bitte um ein Gespräch mich überhaupt erreicht hat (was wohl keine Selbstverständlichkeit ist), durfte und musste es wohl auch stattfinden. Ich hoffe, dass es Dir mehr sagen konnte, als Du ohnedies schon von Euren Geschichtsforschern wusstest. Vor allem aber hoffe ich, dass Dir meine Antworten im Hinblick auf Deinen eigenen Weg weitergeholfen haben. Und nun gehabe Dich wohl. Falls Dich je noch ganz dringende Nachfragen bedrängen sollten, könntest Du mich nach der – für Dich nun erkennbar wieder anstehenden Ruhepause – noch ein drittes und letztes Mal rufen.

8. Das Zwiegespräch
-     **Dritter Tag** -

A: Ich grüße Dich in großer Dankbarkeit. Dankbar bin ich Dir nicht nur für die vielen Antworten auf meine Fragen, mit denen Du mir einen noch besseren Einblick in Dein Leben ermöglicht hast. Dankbar bin ich Dir vor allem auch, dass Du mir nun noch einige – mich seit langem bewegende – (Nach-)Fragen erlaubst. Obwohl sie naheliegen, habe ich lange gezögert, sie Dir zu stellen. Heute Nacht allerdings, die mir nach all dem Gehörten den Schlaf verweigerte, habe ich mich dazu durchgerungen, sie doch zu stellen. Vielleicht sind sie der Schlüssel zu meiner merkwürdigen Verbundenheit mit Deinem Schicksalsweg.

E: Wenn Dir dies so wichtig ist, so sollten wir also auch noch diese dritte Durchquerung von Zeit und Raum versuchen. Heißt es bei Euch immer noch „Aller guten Dinge sind drei"?

A: Ja, an dieser Redewendung hat sich durch die Zeiten hindurch wohl nichts geändert. Wahrscheinlich dachte man zu Deiner Zeit in diesem Zusammenhang an die christliche Vorstellung einer „Heiligen Dreieinigkeit" von Vater, Sohn und Heiligem Geist oder auch an Dreifaltigkeitsvorstellungen anderer Religionen. Ich selbst glaube ja, dass diese Vorstellungen von der heiligen Dreizahl aus dem Logos des dialektischen Prinzips

(These – Antithese – Synthese) erwachsen sind, wie sie ja auch in der geometrischen Form des himmelwärts weisenden Dreiecks verbildlicht werden kann.

E: Mit solchen Überlegungen haben sich eher mein Vater und sein Astrologe Michael Scotus beschäftigt. Mir genügt es, dass sich die Dreizahl gut anfühlt, dass ich mich in ihrer Gesellschaft wohlfühle.

A: Das ist eine gute Ausgangsbasis für meine Nachfragen. Einige habe ich schon zuvor angeschnitten; es blieb aber das Bedürfnis, noch mehr darüber zu erfahren.

E: Beginne nun also!

A: Die erste Frage, die mir noch immer keine Ruhe lässt, ist die Frage, wie Du während Deiner Gefangenschaft mit der Erinnerung an die Hinrichtung zahlreicher Gefangenen in den beiden Jahren vor Fossalta umgegangen bist.

E: Du berührst nun noch einmal diesen wunden Punkt meines damaligen Lebens. Oft genug habe ich mich später gefragt, ob diese Strafaktionen berechtigt waren. Die ethischen Grundsätze, die Moses seinem Volk mit den Zehn Geboten einzuprägen versuchte, und die Maximen, die Jesus von Nazareth seinen Anhängern in der sogenannten Bergpredigt lehrte, hatte auch ich innerlich

akzeptiert. Sie wurden jedoch durch das völlig unmora-
lische und zudem aggressiv gegen fast alles von mir als
recht und billig Empfundene gerichtete Verhalten der
Institution, die diese Grundsätze angeblich vertrat, bis
zur Unkenntlichkeit überlagert. Und wenn dann noch
die Erbitterung über begangenen Verrat und „die Hitze
des Gefechtes" hinzukam, galt dies erst recht. Bedenke
bitte, dass wir Sachwalter der Reichseinheit von ständi-
gem Verrat umgeben waren. Ab Mitte der 40er-Jahre
haben wir deshalb auch einen Teil der Besiegten als
Rebellen und nicht mehr als gewöhnliche Gefangene
behandelt. Sowohl auf meinen Vater als auch auf mich
wurden nachweislich von Papst Innozenz IV. angestifte-
te Giftanschläge verübt. Selbst Petrus de Vinea und sein
Leibkoch waren meinem Vater in den Rücken gefallen.
Beide suchten wir einen Ausweg in extremer Härte, die
abschreckend wirken sollte. Ich kann allerdings auch
nicht ausschließen, dass die Erbitterung über den in
allen Winkeln und Gassen meiner damaligen Lebens-
welt lauernden Verrat Rachegefühle hatte entstehen
lassen, die dann ausgelebt werden wollten. Große Zweifel befielen mich später insbesondere an der Billigkeit
der zwar allgemein, aber eben auch von mir, geübten
Praxis der „verbrannten Erde". Um den bekämpften
Städten und Burgen die Ernährungsgrundlage zu entzie-
hen, verwüsteten und verbrannten wir auch die umlie-
genden Felder. Die Freude, die ich während meiner
Gefangenschaft in Bologna stets empfand, wenn meine
Diener frisches Obst und Gemüse aus dem Bologneser

Umland auf meine Tafel brachten, brachte mich zu einem Umdenken. Dies zu einem Zeitpunkt allerdings, als ich diesem Umdenken keine Taten (oder besser: keine Unterlassungen) mehr folgen lassen konnte.

A: Zumindest hineinversetzen kann ich mich in diese Gefühlslage sehr wohl. Kam nicht aber auch – z.B. im Fall Gorgonzola – noch der Ärger über eigene taktische Fehler hinzu, die dann über die Behandlung von Gefangenen abreagiert wurde? Und: Spielte nicht vielleicht auch der Rausch der Machtvollkommenheit, der Dich in Extremsituationen überkam, eine Rolle? Oder vielleicht auch das Beispiel Deines Vaters, der einerseits für seine Großzügigkeit berühmt, andererseits aber auch für seine Unerbittlichkeit im Umgang mit Verrätern berüchtigt war und Dir zuweilen direkte Strafaktionen auftrug? Selbst nach Jahrhunderten unvergessen ist auch das grauenhafte Blutgericht, das Dein Großvater Heinrich (VI.) über die Urheber einer sizilianischen Verschwörung gegen sein Leben verhängte. Auch Dein Kampfgefährte Ezzelino da Romano, dessen einschlägiger Ruf als „Großtyrann" bis heute überlebt hat, ging mit seinen Gegnern nicht gerade zimperlich um. Könnte auch sein Vorbild für Deine Härte in den späten Jahren eine Rolle gespielt haben?

E: All dies kann ich nicht ausschließen. Etwas zu erklären heißt ja auch nicht, es im Nachhinein zu billigen. Ganz im Gegenteil: So sicher ich mir im Augenblick der betreffenden Anordnungen war, so unsicher wurde ich mir, je mehr Zeit zwischen diesen fatalen Entscheidungen und dem Zeitpunkt des Rückblicks lag.

A: Eine französische Redewendung sagt: „Tout comprendre c'est tout pardonner": Alles verstehen heißt alles zu verzeihen. Wenn du über das berichten dürftest, was du im Blick auf die Exzesse Deiner Feldherrn-Laufbahn auf Deiner jetzigen Bewusstseinshöhe erfahren hast, wüssten wir mehr. Niklas von Kues, ein deutscher Theologe und Philosoph, der etwa zweihundert Jahre nach Dir lebte, hat Gott als die coincidentia op-*positorum, als „Übereinstimmung aller Gegensätze", bezeichnet. Wenn ich an dieses Wort denke, so frage ich mich, ob die erwähnte französische Redewendung in diesem Lichte verstanden werden kann – das heißt, ob ein als Übereinstimmung aller Gegensätze verstandener Gott auch als Allesverzeiher und nicht als diesseitiges Verhalten der Menschen im Jenseits ahnende Instanz gesehen werden darf. Denkbar ist aber auch, dass alles diesseitige Fehlverhalten der Menschen auch im Diesseits schon in dieser oder jener (dem Auge oft völlig verborgenen Weise) geahndet wird. Ein späterer Betrachter des Schicksalsweges Deiner Familie wollte etwa Deines Bruders Manfred Untergang mit dem Bruch seines Eurem Vater auf dem Sterbebett gegebenen Versprechens erklären, nicht nach der – Konrad und seinen Erben von Rechts wegen zustehenden – Krone Siziliens zu greifen – ein Akt, zu dem er nicht zuletzt auch durch seine aus byzantinischem Kaisergeschlecht stammende Braut Helena ermutigt wurde, deren späteres Schicksal grauenvoll war. Würde man einer solchen schlichten Talions-Logik folgen, könnte man auch auf den Gedanken kommen, dass Deine Gefangenschaft Folge Deiner Verfehlungen als Feldherr war.*

E: Dazu kann ich nur das Eine sagen: Die Kraft, die Ihr Gott nennt, kennt zweifellos viele Wege, die sie für uns und Euch ausstecken kann, um ihre Ziele zu erreichen.

A: Das scheint mir eine sehr tröstliche Perspektive zu sein.

E: Wie ich fast täglich erfahre, ist sie weit mehr als das. Mehr darf ich Dir aber dazu nicht sagen.

A: Gerne will ich mich damit zufriedengeben. Das Gesagte gibt mir nun aber auch den Mut, noch ein letztes Mal nach den Frauen zu fragen, die in Deinem Leben eine wichtige Rolle gespielt haben.

E: Irgendwie finde ich es seltsam, über so weit Entferntes zu sprechen. Aber nachdem wir schon über so Vieles gesprochen haben, können wir auch über dieses Kapitel meines Lebens noch sprechen.

A: Über Deine Ehe mit Adelasia haben wir schon gesprochen. Offenbar gab es – außer Deinem (von Deinem

Vater inspirierten) Interesse an ihrer Krone – wenig,
das Euch hätte verbinden können. Erhalten ist kein ein-
ziger Brief, den Du ihr oder sie Dir schrieb.

E: Es gab schon einige Briefe, aber Liebesbriefe waren
es nicht. Sie betrafen im Wesentlichen das Verhältnis zu
meinen dortigen Statthaltern und deren Kompetenzen.
Offenbar sind sie verlorengegangen.

A: Die Ehe als bloßer Weg zur Erweiterung der eigenen
Wohlstands-, Macht- und Einflusssphäre war ja – wie
schon besprochen – zu Deinen Lebzeiten wie auch noch
lange danach gang und gäbe.

E: Ja, das galt sowohl für Männer als auch für Frauen.
Für Adelasia, die fast meine Mutter hätte sein können,
galt dies mit Sicherheit auch.

A: Insoweit hattest Du wohl auch kaum Bedenken, sie zu
verlassen.

E: Nein, das hatte ich gewiss nicht. Und dies umso weniger, als das mir von meinem Vater verliehene Amt des
Generallegaten für das *Regnum Italiae*, d.h. also für
ganz Mittel- und Oberitalien und der damit verbundene
Auftrag mir ohnedies keine andere Wahl ließ. Hinzu
kam, dass ich schon bald nach meiner Rückkehr aufs
Festland einer Pisanerin begegnete, die mich faszinierte.

A: Denkst Du an Frascha, die Mutter Deiner Tochter Elena?

E: Ja, ich denke an die ebenso anmutige wie leidenschaftliche Frascha – ein Gefühlssturm und ein Gewitter, das sich entladen musste. Sie hat mich gelehrt, was jugendliche Liebe heißt und vermag: Atemlosigkeit und Hingabe an den Augenblick.

A: Gehalten hat aber doch auch diese Verbindung nicht?!

E: In gewissem Sinne schon. Wir haben uns in den wenigen Ruhepausen zwischen meinen Feldzügen immer wieder getroffen. Zu Fraschas und meinem Entzücken hat unsere Tochter Elena mein Blondhaar, eine staufisch-normannische Mitgift, geerbt – und dazu die Locken und das „römische" Profil ihrer Mutter! Ich hatte meine Freude an ihr.

A: Dann war es wohl auch nicht schwer, Elenas Ehe mit dem pisanischen Grafen Guelfo II. Doronatico della Gherardesca zu stiften.

E: Nein. Ganz im Gegenteil. Als ich die beiden bei einem Besuch in Pisa zusammenführte, war unverkennbar, dass sie sich mehr als gefielen, obwohl Elena fast noch ein Kind war.

A: Und dass sie einmal den Anspruch auf die Krone Sardiniens erben würde, konnte Dein künftiger Schwiegersohn wohl auch noch nicht ahnen. Du warst zu diesem Zeitpunkt selbst noch ein Jüngling und hättest noch Söhne zeugen können. Also vielleicht doch einmal eine Liebesheirat?

E: Zumindest hatte es damals den Anschein, dass es eine solche werden würde.

A: Trotz der Bindung an Frascha bist Du dann aber doch nochmals eine Ehe eingegangen.

E: Ja, wie schon früher erwähnt, mit einer Großnichte Ezzelinos.

A: Auch diese Ehe war aber wohl eine politische Ehe.

E: Das hatte ich Dir schon in unserem ersten Gespräch bestätigt. Durch den Verlust Parmas und die unaufhörlichen Nachstellungen der päpstlichen Fronde wie auch den Druck des lombardischen Bundes war es für uns Staufer eine Frage von Sein oder Nichtsein, die ghibellinischen Reihen zu schließen. Neben dem Markgrafen Pallavicini war Ezzelino III. da Romano als Herr von Verona, Vicenza, Padua und der Mark Treviso unser wichtigster Bundesgenosse in Oberitalien. Die Bande zu ihm zu festigen, war eine Angelegenheit höchster Staatsräson.

A: Eine zweite Adelasia also?

E: Nein, ganz und gar nicht. Selvaggina (deren Name wohl meiner mit Ezzelino verheirateten Halbschwester Selvaggia nachgebildet worden war) gefiel mir durchaus. Sie war lebhaft, gebildet und intelligent. Bei der Hochzeitsfeier in Cremona, als dessen Podestà ich zu jener Zeit amtierte, habe ich mich mit ihr sehr gut verstanden.

A: Sehr intensiv dürfte sich diese Ehe aber wohl nicht entwickelt haben, da Du ja schon wenige Monate später in Gefangenschaft gerietest.

E: So war es.

A: Auch während Deiner Gefangenschaft hattest Du aber Kontakt zu Damen.

E: Dank der noblen Haftbedingungen war mir dies tatsächlich möglich. Innigen Kontakt hatte ich aber nur zu Lucia Viadagola. Ihre Gefühlswärme erfahren und das Heranwachsen der mir von ihr geborenen Töchter Maddalena und Costanza erleben zu können, war mir in all diesen Jahren eine große Tröstung.

A: Geraume Zeit nach Deinem leiblichen Tod behauptete Bentivoglio, eine einflussreiche Bologneser Patrizierfamilie, von Dir abzustammen. Lucia Viadagola habe

Dir (auch) einen Sohn geboren. Ihren Namen leiteten sie davon ab, dass Du bei Lucias Anblick oft ausgerufen habest „Come Ti voglio bene!"

E: Nein. Einen Sohn hat mir Lucia leider nicht geboren. Und vielleicht war das auch besser so. Wer weiß, wie es ihm als direktem männlichem Nachkommen eines Staufers im Machtbereich der Guelfen ergangen wäre. Wenn diese Familie eine solche Behauptung aufstellte, so handelte es sich dabei unverkennbar um einen durchsichtigen Legitimationsmythos.

A: Davon gehen unsere Historiker heute auch aus. Und selbst zur Zeit der kurzen Blüte dieser Familie in Bologna stieß ihre Abstammungslegende wohl weithin auf Unglauben.

E: Wie dankbar wir (aus unserer Sicht) Diesseitigen doch sein müssen, dieser Sphäre der Irrungen und Wirrungen endlich entrückt zu sein.

A: Wie ich den Quellen entnehme, ist in der Spätzeit Deiner Bologneser Jahre Deine Schwester Caterina da Marano von Cremona nach Bologna gezogen, um Dir Gesellschaft zu leisten.

E: Ja, auch sie muss erwähnt werden, wenn Du nochmals nach den Frauen fragst, die für mein Leben wichtig waren. Dass wir uns in Bologna wieder nahe sein, über unsere Kindheit, unsere Eltern und über unser Schicksal miteinander sprechen konnten, war eine Erleichterung und hellte die ausweglose Düsternis dieser letzten Jahre merklich auf. Aber auch für sie war es eine Tröstung, da sie kinderlos geblieben war und ihren Gatten verloren hatte.

A: *Falls es Euch Jenseitigen versagt sein sollte, nach Eurem Weggang die irdischen Entwicklungen weiter zu verfolgen, kann ich Dir sagen, dass sie diese Erde kurz nach Dir verließ. Manche Sterbliche glauben ja nicht nur an irdische Wiedergeburten, sondern auch an die Möglichkeit einer Wiederbegegnung der Seelen im Jenseits. Sie würden vielleicht vermuten, dass Dir Deine Schwester auch ins Jenseits folgte, um Dir nahe zu sein. Mir darüber Auskunft zu geben, ist Dir aber versagt, wenn ich Dich recht verstanden habe.*

E: Ja, so ist es. Aber ich wiederhole, dass wir auch auf unserer jetzigen Bewusstseinsebene nicht allwissend sind, sondern wohl nur all das wissen und erfahren dürfen, was für das Fortschreiten auf unserem Entwicklungsweg erforderlich ist.

A: *Der Kirchenvater Augustinus, mit dessen Werk „Über die Bürgerschaft Gottes" (De civitate Dei) Dich Deine Lehrer in Palermo sicher vertraut gemacht haben, hat von der menschlichen Pilgerschaft durch die Zeit(en) gesprochen. Er hat damit das Menschenbild*

Deiner Epoche geprägt, die den Menschen als homo
viator, *als Wanderer zu Gott, verstand. Ich verstehe
Deine Andeutung so, dass wir Menschen diesen Weg
eventuell auch im Jenseits noch weiter zu gehen haben.
Ich frage mich nur, woran sich erkennen lässt, ob man
wirklich Fortschritte in die richtige Richtung macht.*

E: Soviel wenigstens kann ich Dir verraten: Jeder
Schritt in die „richtige" Richtung wird von einem Gefühl tiefer Befriedigung begleitet.

*A: War das nicht auch in Deinem irdischen Leben schon
so?*

E: Vielleicht war das auch schon so. Allerdings war ich
mir damals zunächst oft sicher, die richtige Entschei-
dung getroffen zu haben, im Nachhinein aber – vor allem in der unfreiwilligen Bologneser Ruhe- und Besin-
nungsphase – wurde ich in dieser Beurteilung schwan-
kend. Hier aber ist es ganz anders. Falls dies nicht allzu
getragen klingt, würde ich sagen, dass die Wahrnehmung des Fortschreitens in meiner jetzigen Sphäre von
einem Ewigkeitsatem durchweht wird.

*A: Das hört sich wundervoll an. Da ich aber da nicht
mitreden kann, muss ich bei den irdischen Dingen bleiben und Dir noch eine dritte und letzte Frage über Dein
damaliges irdisches Leben stellen.*

E: Und zwar?

A: Ich scheue mich fast, diese Frage zu stellen, weil mir die Antwort so selbstverständlich erscheint, dass sie den Fragenden beschämen könnte.

E: Nämlich?

A: Es ist die mich als besonders freiheitsliebenden, schon in vergleichsweise einfachen Grenz- und Begrenzungssituationen zu beinahe klaustrophoben Reaktionen neigenden Menschen besonders bewegende Frage, wie Du mit der Tatsache der Freiheitsberaubung zurechtgekommen bist. Schon Deine Kindheit und Jugend waren von einer ungewöhnlich hohen Beweglichkeit im Gefolge Deines Vaters geprägt. Und für die elf Jahre, in denen Du als des Kaisers edelster Falke bald hierhin bald dorthin geflogen und gestoßen bist, galt dies in noch höherem Maße. Mehr freiheitliche Beweglichkeit ist für ein Menschenleben kaum vorstellbar.

E: Wenn ich rasch antworten sollte, so würde ich selbstverständlich auch sagen, dass der Verlust meiner Bewegungsfreiheit das war, was ich am meisten vermisste. Nicht mich auf jeden politischen oder militärischen Schachzug unserer Gegner hin in den Sattel schwingen zu können und mich dort in die Bresche stürzen zu können, wo dies für die Wahrung der Reichseinheit am wichtigsten erschien, hat mir sehr zugesetzt. Manchmal fühlte ich mich wie ein Schlachtpferd, das mit den Hufen scharrt, wenn Schlachtenlärm ertönt.

A: Das kann ich nur zu gut verstehen. In einem katholischen Kirchenlied kommt diese Perspektive als Hoffnungsbitte zum Ausdruck: „Herr, mach, daß ich nicht fehle, wo ich nötig bin."

E: Dieses Lied gefällt mir gut. Nicht meinem Vater beistehen zu können, war in der Tat sehr schmerzlich. Auch die gewohnte körperliche Übung des Reitens vermisste ich sehr, zumal die Ringkämpfe und Ballspiele im Palazzo Nuovo del Commune zwar dazu beitrugen, mich einigermaßen beweglich zu halten, aber eben doch kein Ersatz für die früheren, oft tagelangen Ritte waren, von den häufigen Gefechten mit ihrem „Hauen und Stechen" ganz zu schweigen.

A: Ja, das kann ich mir lebhaft vorstellen.

E: Und dennoch betrifft diese „schnelle Antwort" nur den unübersehbaren Vordergrund. Die volle Antwort fällt mir nicht ganz leicht. Zumindest gab es im Verlauf meiner Gefangenschaft sehr unterschiedliche Bewusstseinsphasen.

A: Die wohl auch mit der Veränderung der äußeren Umstände zu tun hatten…

E: Ja, genau. Als ich am Tag von Fossalta nur noch die Wahl zwischen Tod und Kapitulation hatte, war der Schock groß. Der hohe Respekt, den man mir aber dann schon bei der Verbringung nach Castel Franco und einige Tage später beim Einzug in Bologna erwies, milderte diesen Schock dann erheblich. Man hat mich als Gegner, nicht aber als Feind behandelt.

A: Diese Erfahrung hat Dir wohl eine gewisse Erleichterung verschafft und vielleicht sogar nolens volens *ein gewisses Maß von Dankbarkeit eingeflößt. Dreihundert Jahre nach Deiner Lebenszeit hat der in einem Apenninen-Dorf geborene, später in Oxford lehrende Jurist Albericus Gentilis vom „gerechten Feind" (*iustus hostis*) gesprochen. Er leistete damit einen wichtigen Beitrag zur Überwindung der Konfessionskriege zwischen unterschiedlichen „Schulen" des Christentums und wurde so auch zu einem Vorläufer des modernen Völkerrechtes.*

E: Wie schön, wenn man das ritterliche Verhalten der Bolognesen gegenüber ihrem Gefangenen in so weiten zeitlichen Zusammenhängen betrachten kann!

A: Heute könnten wir insoweit von einer „Gnade der späten Geburt" sprechen – eine Formel, mit der man sich von der Mitschuld an früheren Verbrechen lossspricht.

E: Um auf Deine Frage zurückzukommen: Außer der Erleichterung über die mir bewiesene Achtung wurde ich wie schon erwähnt in der Anfangsphase von der – wie sich herausstellen sollte – vergeblichen Hoffnung beseelt, dass sich die Tore meines Gefängnisses schon bald öffnen würden.

A: *In der ersten Zeit ging es Dir also seelisch noch relativ gut.*

E: Ja, zumal das Diskutieren und Musizieren mit meinen Altersgenossen recht kurzweilig war. Auch empfand ich es zuweilen als ganz angenehm, nicht immer im Sattel sitzen, unter einer Rüstung schwitzen, hauen und fechten zu müssen. Ich war ja nie der Typus des Feldherrn, der nur aus sicherer Entfernung vom „Feldherrnhügel" aus auf das Geschehen auf dem Schlachtfeld über Kuriere reagiert. Immerhin wurde mir gestattet, sowohl Nachrichten zu empfangen als auch Nachrichten übermitteln zu lassen.

A: *Andererseits dürfte es für Dein Temperament auch quälend gewesen sein, nicht auf die Dir zugebrachten Informationen reagieren zu können.*

E: Das stimmt freilich auch. Dass mein Heimweh – weniger nach den Schlachtfeldern der Lombardei und der Romagna als nach den Landschaften meiner Kindheit und Jugend in Apulien und der Capitanata dadurch eher verstärkt als gestillt wurde, kann ich nicht leugnen. In Liedern, die ich im Kreise meiner Altersgenossen vortrug, habe ich dies ja auch zum Ausdruck gebracht. Zuweilen haben wir uns aber auch heitere Weisen aus meinem Romanzenbuch und den Vorlagen meiner Gefährten vorgetragen. Und obwohl meine Wächter zwar nicht mit mir, aber mit den Bologneser Gefährten, reden durften, haben sie oft mitgesungen. Wenn sie selbst düsterer Stimmung waren, haben wir sie sogar mit Harfe und Laute getröstet.

A: Ja, darüber habe ich auch gelesen. Solche Berichte sind in das Legendengeflecht eingewoben, das sich um den blonden König im goldenen Käfig rankt.

E: Schon der Tod Konrads und erst recht dann die Niederlage Manfreds hat mir dann aber sehr zugesetzt. In dieser Phase war mir vor allem Lucia eine große Stütze. Sie konnte zwar nicht meine immer schwächer werdende Hoffnungsflamme nähren, mir aber doch lange über jene „Abgründe" hinweghelfen, die sich in dunklen Stunden auftaten.

A: Wie hat sie dies außer durch ihre seelische und körperliche Nähe geschafft?

E: Gelungen ist es ihr wohl vor allem deshalb, weil sie mich lehrte, die sich dem Augenblick bietenden Chancen besser zu sehen und zu empfinden, als ich dies jemals zuvor vermocht hatte. Sie gab mir die Freude an schönen Gewändern zurück, führte mir Schneider und Schuster zu, erzählte mir Geschichten über das Alltagsleben in und um Bologna und berichtete humorvoll von den ersten Geh- und Sprechversuchen unserer beiden Töchter, die sie manchmal mitbrachte, ohne dass man daran Anstoß nahm. Sehr gebildet war sie nicht; gerade ihr schlichter Wirklichkeitssinn, der auch Kleinigkeiten eine besondere Bedeutung beimaß, half mir aber mehr als so manches Gespräch über die politischen Zeitläufe oder kulturelle Themen mit meinen ghibellinischen Freunden.

A: Schon gesprochen haben wir über die Situation nach dem schmählichen Justizmord von Neapel, der den Ruf Karls von Anjou für alle Zeiten ruiniert hat.

E: Ja, Konradins Hinrichtung bedeutete den Bruch der zweitletzten Stufe meiner Hoffnungsleiter…

A: Weswegen Du dann auch verständlicherweise die letzte betreten hast…

E: Ja. Dass sich auch sie nicht als tragfähig erwies und sich danach (aus der Sicht der Commune verständlicherweise) auch meine Haftbedingungen deutlich verschlechterten, hat mir die allmähliche Vorbereitung auf andere Dimensionen der Freiheit nahegelegt.

A: Hast Du in dieser letzten Phase Deiner Gefangen-schaft einen Freitod erwogen? Eine Passage in einem Deiner Lieder könnte dies nämlich nahelegen, wo es heißt:
„Doch muß ich lang dies Schicksal noch ertragen,
So werfe ich das Leben bald von mir."

E: Es waren Stunden äußerster Hoffnungslosigkeit und Verzweiflung, die mir solche Verse eingaben. Aber entschlossen war ich auch nach der Schandtat von Neapel keinesfalls, diesen letzten Schritt zu tun.

A: Der Mut zu einem solchen Schritt hätte Dir, der dem Tod auf dem Schlachtfeld so oft in die Augen gesehen hat, sicher nicht gefehlt. Und die Mittel dazu hättest Du Dir zweifellos selbst unter den nach dem gescheiterten Fluchtversuch verschärften Haftbedingungen ebenfalls beschaffen können.

E: Was mich aber stets zurückhielt, war die mir schon von einem meiner sarazenischen Lehrer vermittelte Überzeugung, dass wir mit einem – sich aus den Entwicklungsgesetzlichkeiten früherer Leben ergebenden – bestimmten Entwicklungsauftrag in ein irdisches Leben eintreten und diesen Auftrag auch dann zu erfüllen haben, wenn er mit Leiden verbunden ist.

A: Du meinst wohl das, was die indischen Brahmanen Karma nennen, was aber weder zu den Lehrinhalten des Islam noch zu denen des Christentums gehört.

E: Beide Religionen haben mich daher – von den ständigen Auseinandersetzungen mit dem vielfach korrupten und machtbesessenen christlichen Klerus ganz abgesehen – nie im Innersten berührt. Zweifel hegte ich vor allem hinsichtlich der Resultate des Konzils von Nicäa vom Jahre 325, das Jesus von Nazareth zum „Sohn Gottes" erklärte und damit die Autorität der päpstlichen „Stellvertreter Christi" unanfechtbar erscheinen ließ. Denn: Wer könnte schon mit Fug und Recht dem Stellvertreter eines Gottes widersprechen? Obwohl Konstantin während des Konzils die Annahme der Wesenseinheitsthese erzwang, verbannte er schon unmittelbar danach Athanasius und folgte – wie auch sein Sohn Constantius und sein Enkel Constans – der arianischen Wesensähnlichkeitsthese. Erst unter Kaiser Theodosius (379-395) wurde dann die als Kompromiss verstandene Wesensgleichheitsthese zum Grunddogma der Westkirche. Mit meinem Vater habe ich darüber nie gesprochen. Aber ich glaube, dass es ihm trotz seiner wohl eher aus Staatsräson abgegebenen Lippenbekenntnisse ganz ähnlich erging.

A: *Aufgefallen ist mir beim Studium der Quellen, dass in einer undatierten, italienischen „Übersetzung" Deines Testamentes, Du es (angeblich) „im Namen der allerheiligsten und ungeteilten Dreieinigkeit" eröffnest, während sich diese Anrufung im lateinischen Original nicht findet. Zeigte das Deine Haltung zu Nicäa?*

E: An dieses Detail kann ich mich nicht mehr erinnern. Aus heutiger Sich könnte ich dazu freilich etwas sagen – darf es aber nicht.

A: *Du erwähntest in den Bologneser Aufzeichnungen einen sarazenischen Lehrer. War er nicht Moslem?*

E: Offiziell ja, aber er war wohl ein Moslem besonderer Art, gehörte einer mystischen Sekte an und hat mir tatsächlich auch von indischen Weisen erzählt, denen er in seiner eigenen Jugend begegnet war.

A: *Mit anderen Worten: Du hast Dein Schicksal in der Endphase der Hoffnungslosigkeit auch im Blick auf diese Jenseitsperspektive ertragen.*

E: So war es. Die Tatsache, dass Lucia mir auch weiterhin einige Lichtblicke schenkte und dass dann sogar noch meine Schwester nach Bologna übersiedelte und mir häufig Gesellschaft leistete, hat mich vor dem Äußersten bewahrt. Mein Hoffnungs- und Lebensmut allerdings war gebrochen. Es gab Tröstungen, aber keine Hoffnung auf Erfüllung mehr.

A: *Wenn ich auf das blicke, was Deine Blütezeit ausgemacht hat, so kann ich Dich verstehen. Eine Frage allerdings drängt sich mir doch noch auf die Lippen: Ist Dir die Fragwürdigkeit (um nicht zu sagen: Sinnlosigkeit) all dieser Kämpfe fast aller gegen fast alle, in die*

auch Dein Leben verstrickt war, nie zum – sozusagen
philosophischen – Problem geworden?

E: Es ist mir – zumindest während meiner Kampfzeit –
deshalb nicht zum Problem geworden, weil ich es nicht
als sinnlos empfand. Das Ideal der durch eine starke
Hand zusammengehaltenen Reichseinheit hielt ich für
den letztlich einzigen Weg zu einem friedvollen, dem
Wohl möglichst vieler Menschen dienenden Gemeinwe-
sen. Auch die von meinem Vater im Königreich Sizilien
durchgeführten Reformen hielt ich für wegweisend.
Verkannt habe ich allerdings zunächst, dass die Zeit
dafür noch nicht reif war.

A: Das war sie tatsächlich noch nicht. Tatsache ist al-
lerdings, dass wir Heutigen die Art und Weise, in der
Dein Vater sein Südreich organisierte, für zukunftswei-
send halten. Oft wird er – auch wegen seiner Geistes-
haltung – als „erster moderner Mensch" bezeichnet. Die
Einheitsidee hat sich für Italien erst sechshundert Jahre
nach Deiner Zeit erfüllt. Und nach einem weiteren
Jahrhundert ist sogar – wenn auch in ganz neuer Form
– die Idee eines abendländischen Reiches wiedererstan-
den. Nicht auszuschließen ist, dass es all dieser Kämpfe
bedurfte, um schließlich doch etwas Lebensfreundliche-
res als das von Dir Erlebte zuwege zu bringen.

E: Heißt das, dass Du meiner damaligen Sichtweise
doch etwas abgewinnen kannst?

A: Wenn ich darin so etwas wie das Walten des „Welt-geistes" sehen will, der sich in einer immerwährenden Dialektik fortentwickelt, so müsste ich Deine (allerdings wohl ohnedies rhetorisch zu verstehende) Nachfrage bejahen. Auch die inzwischen pluralisierten christlichen Kirchen haben sich schließlich fortentwickelt und sind in ihrem Gebaren schwerlich mehr mit der Kirche ver-gleichbar, die nicht nur Euch Staufern zum großen Är-gernis wurde.

E: Heißt das, dass der kalabresische Abt Joachim v. Fiore, der noch lebte, als mein Vater am verwaisten Hof von Palermo heranwuchs, mit seiner Vorstellung vom Reich des Heiligen Geistes, das die geistliche Herrschaft der Kirche ablösen werde, recht behalten hat?

A: In gewissem Sinne kann ich diese Frage bejahen. Unverkennbar ist, dass die christlichen Kirchen zumin-dest im Abendland in ihrer alten Form einen Nieder-gang erfahren. Die sich in den letzten Jahren ständig beschleunigende Verweltlichung hat dazu geführt, dass ihre Anhängerschaft und damit auch ihr Einfluss heute ständig weiter sinkt, dafür aber in vielen Gruppierungen versucht wird, genuin christliche Inhalte zu leben.

E: Auch insoweit hat aber dann doch der Kampf zwi-schen Krone und Tiara und die in seinem Verlauf offen-bar werdenden Verfehlungen der Kirche Vorarbeit für diese Entwicklungen geleistet.

A: *Ja – sicherlich. Die Erinnerung an die Verfehlungen vieler Päpste und sonstiger Prälaten und Priester begleitet den erwähnten Verlust der Kirchen an Autorität, Einfluss und Anhang. Ganz so, wie auch die Verfehlungen der weltlichen Autoritäten im Lauf der Jahrhunderte verdeutlicht haben, an welchen Stellen (verfassungs-) rechtliche Vorkehrungen zum Schutz vor Missbräuchen und zur Förderung des Wohles der Glieder eines Gemeinwesens getroffen werden müssen.*

E: Auch darum habe ich mich bei der Verwaltung der mir anvertrauten Gebiete gekümmert, soweit mir zwischen all diesen Feldzügen Zeit dazu blieb. Und allzu viel war dies nicht.

A: *Obwohl Du durch Dein Amt als Generallegat dazu befugst warst, ist auch aus dem zeitlichen Abstand der Jahrhunderte unverkennbar, dass die Dir vom Schicksal zugewiesene Aufgabe weniger die Verwaltung als die Eroberung und Verteidigung von Herrschaftsgebieten war.*

E: Ja, und nach dem letzten Versuch, noch einmal den Faden aufzunehmen, der an der Fossalta gerissen war, war ich all dessen und auch des Nachdenkens über all dies müde geworden und nur noch daran interessiert, einen würdigen Abschluss meines Lebens zu finden.

A: *Und der ist Dir dann wohl auch beschieden gewesen. Ich habe Dein Testament gelesen und ich habe die Quellen studiert, die über die wahrhaft königlichen Zeremo-*

nien berichten, mit denen sich die Bolognesen auf dem Zug nach San Domenico von Dir verabschiedet haben.

E: Das konnte ich zwar verständlicherweise nicht mehr „miterleben". Aber so viel kann ich mit Fug und Recht bestätigen: Nach einer kurzen Krankheit begegnete mir der Tod als Freund.

A: Wer würde im Nachhinein nicht gerne so über den Abschluss seines Lebens sprechen können! Ich danke Dir von ganzem Herzen, dass Du Dich mir über Zeit und Raum für dieses Gespräch geöffnet hast. Möge Dir in Deiner Welt all die Kraft und Erleuchtung zuteil werden, derer Du bedarfst, um Deinen Seelenweg auf eine Dein Innerstes vollendende Weise im Jenseits oder vielleicht auch wieder einmal im Diesseits fortsetzen zu können. Da Du es nicht erwähnt hast (ich allerdings auch nicht danach gefragt habe), gehe ich davon aus, dass Du bislang noch nicht – zumindest nicht bewusst – in die Welt zurückgekehrt bist, die Du im Jahre 1272 in Bologna verlassen hast.

E: Auch ich wünsche für Dich, dass Dir nach diesem ungewöhnlichen Gespräch klar werden wird, warum Du es überhaupt führen wolltest. Mit diesem Abschiedswunsch überlasse ich Dich wieder Deiner Welt und wende mich zu der meinen zurück. Vielleicht werden wir uns ja irgendwann nochmals auf diese oder jene Weise begegnen. Gehabe Dich wohl!

9. Was nun?

So flüssig, gleichsam von einer inneren Feder getrieben, sich die mir eingegebenen Fragen und die gegebenen Antworten entwickelt hatten, so ratlos ließ mich das Gesagte und das Vernommene schließlich zurück. Wo ich eine – der Auffindung des autobiographischen Textes vergleichbare – Überraschung erwartet (oder doch erhofft) hatte, erfuhr ich nun lediglich die nähere Begegnung mit einem mir in seinen Umrissen auch zuvor schon bekannten, zwar bunten und facettenreichen, aber letztlich doch nicht völlig ungewöhnlichen Menschenschicksal. Mit einem Menschenschicksal, das mich zwar nach wie vor auf besondere Weise berührte, das mir aber die Ursache(n) dieser Faszination (um nicht zu sagen: Obsession) auch jetzt noch nicht ohne Weiteres zu erschließen versprach.

Um mich meiner Ratlosigkeit nicht völlig hinzugeben und in nutzloses Grübeln zu geraten, wandte ich mich fürs Erste anderen Vorhaben zu. Auch das verschaffte mir aber zunächst nicht die erhoffte Beruhigung, da ich mit meiner Unfähigkeit, ein mir „aus gegebenem Anlass" selbst gestelltes Rätsel zu lösen, zutiefst unzufrieden war.

In diesem Zustand der Ruhelosigkeit und Unzufriedenheit flüchtete ich mich aus meinem elfenbeinernen Turm in eine schlichte, paramechanische Tätigkeit: Der

Sommer war mit großer Macht und ungewohnt südländischen Temperaturen ins Land gezogen, und in unserem Haus am See stand ein seit Langem geplantes Gartenfest im Kreis der Großfamilie vor der Tür. Da wir circa fünfunddreißig Gäste erwarteten (und gutes Wetter erhofften), sollten sämtliche Gartenmöbel im landesüblichen Weiß-Blau neu gestrichen werden. Eine Aufgabe dies, die „eigentlich" einem Maler zugedacht war, die mir nun aber plötzlich als Ausweg aus meiner Erkenntnisblockade ungemein attraktiv erschien. Und dies umso mehr, als mir unversehens des Dichters Peter Gan Paradoxon „Es gibt nichts Tieferes als die Oberfläche" in den Sinn kam. Schleifpapier, Bürste, Pinsel und Farben waren schnell besorgt, und ich machte mich – zwar nicht gerade „hochgestimmt", aber doch „frisch und fromm" – ans Werk, befriedigt, eine Aufgabe erfüllen zu können, die mir zwar nicht „auf den Leib geschrieben" schien, zu deren Erfüllung ich mich aber (im Gegensatz zur Lösung meines Enzio-Rätsels) ohne weiteres befähigt fühlte und die überdies auch noch schnellen und sichtbaren Erfolg versprach. Unter einer mächtigen, schattigen Linde, unter der ich nach und nach aus allen Winkeln, Ecken und Enden unseres Anwesens sämtliche Gartentische und -tischchen, Gartenbänke und Gartenstühle versammelt hatte, widmete ich mich nun täglich drei bis fünf Stunden hingebungsvoll dieser tendenziell suchterregenden Peristaltik: Schleifen, Bürsten, Streichen – Vorstrich, Zweitstrich, Korrekturstrich… Eine an manchen Problemstellen kniffelige, Konzentration und Präzision fordernde Klein-Klein-Tüftelei, an anderen wiederum wohltuend „langatmige" Flächenarbeit. Und um es gleich vorweg zu sagen: Ich genoss es, genoss dieses ungewohnt gleichförmige, rhythmische Tun. Ein Tun, bei dem Gedanken nicht gezielt angefordert wurden, sich diese vielmehr dann einstellten, wenn sie Lust dazu hatten, sich zerebral zu manifestieren. Ganz abgesehen von der Zusatzfreude, dass mit jedem Strich ein Gebrauchsgegenstand ansehnlicher wurde, empfand ich es im Fortgang der circa zweiwöchigen Verschönerungsaktion auch als ungemein befriedigend, mir (wenn anfangs auch *nolens volens*) diese Auszeit vom Schreibtisch des Buch um Buch, Artikel um Artikel und Vortrag um Vortrag schreibenden Autors genommen zu haben. Auch die weniger angenehmen Begleiterscheinungen meiner Streichaktion – die mehr oder minder verhaltenen, zuweilen jedoch zu ausgesprochenen Verrenkungskapriolen mutierenden Turnübungen rund um meine unter der alten Linde versammelten Schützlinge – ließen sich im nahen See schnell wieder lustvoll glätten. Nach getanem Werk erlebte ich beim Anblick der im neuen blau-weißen Glanz erstrahlenden Kult-Gartenstühle aus der Zeit zwischen den beiden Weltkriegen eine ähnliche Befriedigung wie nach Abschluss einer erfolgreichen Vorlesungsreihe, nach einem gelungenen Vortrag oder bei der Vorstellung eines neuen Buches.

In der Freude über das Gelingen dieses bescheidenen, aber in der Wirkung so überraschend erfrischenden „Werkes" befiel mich eine große Leichtigkeit, die sich wie von ungefähr auch bis hin zu meinem „Problem" bemerkbar machte. Unversehens wuchs in mir die Bereitschaft, mich von jeglichem hypothetischen „Überbau" der Thematik zu verabschieden. Mit anderen Worten: Ich war nun plötzlich geneigt, meine obsessive Befassung mit dem Schicksalsweg des letzten männlichen Staufers in einem nüchterneren Licht zu sehen als zuvor – als eine Mischung nämlich von herkunftsbedingtem Anfangsimpuls, historisch-politischer Passion und eher romantisch-emotionaler Anteilnahme an den ebenso farbenprächtigen wie verhängnisvollen Arabesken eines individuellen Menschenlebens vor dem Hintergrund allgemeiner Schicksalsthemen. Einerseits war ich mir durchaus des Umstandes bewusst, dass sich Esoterik und Pragmatik bei der Betrachtung meiner Obsession in einen leidenschaftlichen Konflikt hätten verstricken können. Der Versuchung, mich auf die Couch von Rückführungsspezialisten bzw. Reinkarnationstherapeuten zu begeben, hatte ich mich bislang konsequent widersetzt. Und obwohl ich mir diese Option stets offengehalten hatte, war ich mir nunmehr sicher, sie auch in Zukunft nicht wahrnehmen zu wollen. Wie immer sich meine Wahrnehmungen und meine Gefühle im Hinblick auf das wechselvolle Schicksal des glücklich-unglücklichen Staufers im Lauf der Jahre auch entwickelt haben mochten – Peter Gans Paradoxon und mein

beschwingtes Debüt als Anstreicher und Verschöne-
rungsaktivist im Sinn –, erschien es mir nun als unab-
weisbar, dass mein Blick auf dieses Schicksal doch eher
ein Blick von außen war. Und dies ganz unabhängig
davon, ob es der Blick des historisch und philosophisch
orientierten Politikwissenschaftlers oder des zuweilen
romantisch gestimmten *Homme des Lettres* war, der bei
Betrachtung dieses Lebens an einer Zeitenwende in mir
wach geworden war. Dass mich diese – auf so überra-
schende Weise erfahrene – Einsicht von einem nicht
unerheblichen subjektiven Erkenntnisdruck erlöste, war
für mich nun unmittelbar Erfahrung, ist aber wohl auch
für jeden Blick von außen auf diese merkwürdige, zeit-
und raumdurchquerende „Liaison" unschwer nachvollziehbar.

Was also blieb von dieser mentalen Zuwendung eines
im ehemaligen Stauferland herangewachsenen Autors
aus dem 20./21. Jahrhundert zu einem auf tragische
Weise zum letzten überlebenden männlichen Spross
seines Geschlechtes gewordenen Staufer aus dem 13.
Jahrhundert? Wo gab es da Berührungspunkte, Vergleichbarkeiten oder gar Gemeinsamkeiten, die eine
solche Art der Zuwendung verständlich machen könnten? Um auf der Suche nach solchen Berührungspunk-
ten, Vergleichbarkeiten oder gar Gemeinsamkeiten weiterzukommen, galt es nun, sich die Grundmuster dieses
Lebens noch einmal zu vergegenwärtigen.

Was bei der Betrachtung von Enzios Leben als Erstes ins Auge springt, ist die Tatsache, dass es ein Leben im Lichtschatten eines – das Menschenmaß seiner Zeit in vielfacher Hinsicht sprengenden – Herrschers war. Und was bei dieser Betrachtung nicht minder deutlich in Erscheinung tritt, ist zum Zweiten der Umstand, dass es ein Leben im Zeichen unaufhörlicher, von ihm gewissermaßen ererbter Machtkämpfe entlang reichspolitischer und dynastischer Frontlinien – Krone und Tiara einerseits, Guelfen und Ghibellinen andererseits – war, deren Gesetzlichkeiten sich stets auch (eigentlich) Privates unterzuordnen hatte, wie nicht zuletzt die Hintergründe der beiden machtpolitisch motivierten Eheschließungen Enzios belegen. Zum Dritten ist aber auch unverkennbar, dass sein Leben im Bann einer sich abzeichnenden Zeitenwende stand, in der sich – wie stets in solchen Zeiten – die geistigen und die politischen Kräfte der Beharrung in einem unerbittlichen Konflikt mit den geistigen und politischen Kräften eines letztlich unaufhaltsamen Fortschrittes sahen. Unverkennbar ist, dass die geistigen Konfliktlinien dabei nur teilweise mit den politischen zusammenfielen. Während Friedrichs II. Verfassungs- und Verwaltungsreformen im *Regnum Siciliae* weit in die Zukunft weisen sollten, stand sein Anspruch auf unbedingte Lehenshoheit im Reich dem ebenfalls zukunftsweisenden Autonomiestreben der rebellierenden lombardischen Städte als rückwärtsgewandte Kraft gegenüber. Was die Situation im Rückblick noch verwirrender erscheinen lässt, war die *nolens volens* erfolgte Abtretung traditioneller Kronrechte zunächst an die geistlichen (1220) und dann auch die weltlichen (1231) deutschen Fürsten, womit letztlich der allmählichen Entwicklung einer föderalen Territorialstaatlichkeit in Deutschland Vorschub geleistet wurde, obwohl dies sicher nicht im mittel- bis langfristigen Interesse des Kaisers, zur Durchsetzung seiner kurzfristigen Ziele der Königswahl (insbesondere) seines Sohnes Heinrich (VII.) aber unumgänglich war. Selbst seine *virtù* reichte nicht aus, die ihm von *fortuna* bescherte *qualità dei tempi* nachhaltiger zu bezwingen, um es mit den Kriterien Niccolo Machiavellis zu benennen.

Der Dichter Karl Schwedhelm war es, der in einem seiner Gedichte fragte: „War nicht immer nur Herbst?" Versteht man den Herbst als Metapher für den Übergang von einer Jahreszeit zu einer anders gearteten, so war (und ist) tatsächlich stets „Herbst". Heraklit von Ephesus hat dies mit seinem Bild vom unablässig strömenden Fluss des Lebens zum Ausdruck gebracht. Der Wechsel der Jahreszeiten kann zwar mehr oder weniger abrupt oder mehr oder weniger fließend erfolgen. Das Phänomen als solches aber ist unübersehbar, wenn es sich auch nicht jedem Auge gleich deutlich erschließt. Wer Freude an solchen Zuschreibungen hat, mag dann vielleicht sagen, dass sich etwa der Sommer noch sträubt, dem Herbst das Zepter zu übergeben – oder aber, dass er sich vor diesem schon willig verbeugt. Ebenso ist es mit Zeitenwenden, bei denen sich Denk-

und Verhaltensmuster grundstürzend und grundlegend verändern. Stets gibt es dann Kräfte, die solche Veränderungen mehr oder minder leidenschaftlich erstreben oder sich ihnen doch willig ergeben. Und stets gibt es andere Kräfte, die ihnen nicht minder leidenschaftlich widerstreben oder sich doch nur widerwillig und daher auch nur zögerlich ergeben. Auf das Hintergrundmuster des hier im Blickfeld stehenden Schicksalsweges des letzten Staufers bezogen wird mithin deutlich, dass dieses Hintergrundmuster – recht besehen – das Hintergrundmuster eines jeden Lebens ist, wenn sich auch die Zeit-Schwellen und die Frontstellungen zumeist als weniger spektakulär erweisen. Wer könnte nicht – danach befragt – auf sein „Leben inmitten von Leben, das leben will" (Albert Schweitzer) bezogene rote Linien benennen, die für ihn oder sie Wünschbares oder wenigstens Hinnehmbares von Nicht-Hinnehmbarem, die (in der eigenen Wahrnehmung) Lichtes von (in der eigenen Wahrnehmung) Dunklem scheiden. Und wer wüsste diese roten Linien bei einiger Klarsicht nicht mit soziokulturellen, sozioökonomischen oder soziopolitischen Zeitströmungen in Verbindung zu bringen?

Was für dieses fast allgegenwärtige Hintergrundmuster gilt, gilt aber letztlich auch für das auf den ersten Blick für den Staufer Enzio so spezifische und charakteristische Hintergrundmuster der Gefangenschaft und deren Ursachen. Dass die Gefangennahme im Zuge der Schlacht von Fossalta nicht zuletzt Enzios bis an die

Grenze der Tollkühnheit reichendem kämpferischen Ungestüm bei nicht hinreichender strategischer Vorbereitung geschuldet war, wird von einer Reihe von Zeitzeugen bestätigt, kann aber angesichts vergleichbarer früherer Erfahrungen mit Enzios sorglosem Kampfesmut einerseits und seiner strategischen Unbedachtheit andererseits auch kaum verwundern. Auch dieses Hintergrundmuster ist – recht besehen – sowohl ein für den Staufer spezifisches als auch ein im Hinblick auf viele Menschenschicksale charakteristisches und insoweit wieder (fast) allgegenwärtiges. Dies zumindest dann, wenn man den Begriff der Gefangenschaft nicht nur als konkrete, die körperliche Freiheit unmittelbar beeinträchtigende Befindlichkeit versteht, sondern ihn auch im übertragenen Sinne interpretiert. Als ge- oder befangen nämlich in beengten und beengenden politischen, sozialen und seelischen Bezugssystemen empfinden sich zahllose Menschen. Und keineswegs alle, aber doch ein Großteil der in solchen „beengten Verhältnissen" Lebenden und unter ihnen Leidenden haben sich durch eigene Unbedachtheiten, Voreiligkeiten und Fehlentscheidungen jeglicher Art selbst in diese beengten Verhältnisse hineinmanövriert. Wie sich Enzio mit seinem goldenen Käfig zu arrangieren hatte, haben auch sie sich mit ihren Beengtheiten abzufinden oder aber Fluchtversuche zu wagen. Solche Fluchtversuche aber können gelingen oder misslingen. Ob es Enzio selbst und den Zielen, für die er sich stets eingesetzt hatte, zum Segen gereicht hätte, wenn ihm die Flucht gelungen wäre und er sich als letzter überlebender Sohn Friedrichs legitimerweise an die Spitze der italienischen Ghibellinen hätte setzen können, wissen wir nicht. Das Scheitern Manfreds im Endkampf um das Königreich Sizilien nach Konrad IV. Tod hätte auch sein bitteres Schicksal werden können. Wir wissen all dies ebensowenig, wie wir wissen können, ob Enzio nicht von Anfang an durch seine Gefangenschaft einem viel härteren Schicksal entgangen ist. Nach dem Tod Friedrichs II. wurde die Situation der Staufer in Italien wie in Deutschland zunehmend prekär. Davon, dass Enzio auch dann, wenn er der Gefangennahme entgangen oder ihm die Flucht gelungen wäre, in ununterbrochene Kämpfe mit entsprechendem Risiko verwickelt worden wäre, wird man jedenfalls ausgehen müssen. Und Ähnliches gilt auch für Jedweden und Jedwede, der oder die sich in einer Falle sieht oder wähnt, nicht wahrgenommene Alternativen beklagt und mit dem Gedanken an Ausbruchsversuche spielt. Solche Versuche – es sei wiederholt – mögen gelingen oder misslingen. Selbst dann aber, wenn sie zu gelingen scheinen, kann letztlich nur das (wie auch immer zu verstehende) Schicksal entscheiden, ob sie sich als glückhaft erweisen oder aber in neue Sackgassen münden. Ganz so, wie sich auch Befangenheiten und Gefangenschaften jedweder Art als schicksalhafte Verhängnisse darstellen. Was Königin Irene, die Gattin König Philipps von Schwaben, Enzios Großonkel, nach dessen Ermordung durch Otto v. Wittelsbach in einer Schenkungsurkunde niederschrieb, hätte sie auch in Ansehung von Enzios Schicksal anmerken können: „Viele Gerichte Gottes sind unergründlich." Dass sie von „Gerichte(n)" sprach, war vielleicht nicht von ungefähr. Das Motiv der Bamberger Bluttat nämlich war ein von Philipp gegebenes und gebrochenes Versprechen. Inwieweit solche Hintergründe darüber entscheiden, ob auch Befreiungsversuche glückhaft gelingen oder schmerzlich scheitern, wissen wir nicht. Auszuschließen ist es jedenfalls nicht – nicht, wenn es um eingekerkerte Könige geht, und nicht, wenn es um Herrn Jedermann geht. Und erst recht nicht wissen wir, warum es manchen auch in Be- und Gefangenschaften verhältnismäßig gut geht und manchen elendiglich, warum die einen „Glück im Unglück" haben und die anderen nicht. Wenn man Enzios „goldenen Käfig" auch nur mit den grausamen Haftbedingungen vergleicht, die Karl von Anjou der Familie von Enzios in der Schlacht von Benevent gefallenem Halbbruder Manfred, dem letzten Stauferkönig Siziliens im Castel dell' Uovo von Neapel und im Castel del Monte auferlegten, wird dieses Syndrom augenfällig. Am ehesten können sich wohl Nihilisten oder an Wiedergeburt glaubende Karmagläubige mit solchen schicksalhaften Disparitäten abfinden, während Christgläubige auf Gottes ausgleichende Gerechtigkeit im Jenseits vertrauen mögen.

Auf einem ganz anderen Blatt als ge- oder misslungene Befreiungsversuche steht der Umgang mit (wie auch immer zustande gekommenen) Freiheitsbeschränkun-

gen, die sich als objektiv feststellbare Einschränkungen
körperlicher Bewegungsfreiheit darstellen oder auch nur
subjektiv empfunden sein mögen. Wer davon betroffen
ist, wird zunächst und zumeist unter der Einschränkung
leiden und sofort das Bedürfnis empfinden, die (wie
auch immer beschaffenen) Ketten abzuwerfen. Im Hinblick auf körperliche Freiheitsbeschränkungen dürfte
dies – abgesehen von strafrechtlichen und medizini-
schen Indikationen – in aller Regel sowohl nachvollziehbar als auch legitim sein. Auch in diesem Falle freilich mag ein selbstkritisches Nachdenken über die Ursachen dieser Freiheitsbeschränkungen angebracht sein.
Insbesondere gilt dies für politische Gefangene (zu denen auch Enzio zu zählen ist) und für Strafgefangene.
Im Hinblick auf nur subjektiv empfundene Be-fangen-
heiten und Ge-fangenschaften gilt Letzteres in noch
höherem Maße. Das ganze Spektrum menschlicher Ge-
fühlswahrnehmungen mag insoweit ins Spiel kommen –
vom Leiden unter tatsächlichem oder doch eingebilde-
tem psychischen Druck aus dem eigenen Inneren oder
aus der familiären, sozialen oder politischen Umwelt,
das sich bis hin zu ständiger Verfolgungsangst oder
ähnlichen Wahnvorstellungen steigern kann. Erschwert
werden solche subjektiven Empfindungen des Gefangenseins dann oft noch durch die Wahrnehmung der
Unfähigkeit zur Umpolung des eigenen Bewusstseins
oder aber zur Selbstbefreiung aus einer (oft nur schein-
bar) ausweglosen Situation.

Das bislang gezeichnete Bild wäre nicht vollständig, wenn nicht noch eine andere Dimension des Phänomens eines in schicksalhaft vorgegebenen Verhältnissen Be- und Gefangenseins mit einbezogen würde – die Frage nämlich einer etwaigen psychotherapeutischen Wirkung zumindest von körperlichen, sozialen oder politischen Freiheitsbeschränkungen. Carl Schmitt, der begriffsstärkste und nicht zuletzt deshalb wohl prominenteste deutsche Staatsrechtler des 20. Jahrhunderts, wurde nach Ende des 2. Weltkriegs wegen seiner zeitweisen Kollaboration mit dem nationalsozialistischen System des „Dritten Reichs" inhaftiert und schrieb während seiner Internierung ein Büchlein mit dem Titel „Ex captivitate salus" (Köln 1950). Hinter dem Titel steht kein Fragezeichen. Es handelt sich dabei also offenbar um eine affirmative Feststellung. Und wenn man seinen Gedankengängen folgt, so wird auch an verschiedenen Stellen deutlich, warum „Aus der Gefangenschaft das Heil" entstehen kann: „Manchmal öffnen sich plötzlich die Tore unserer Gefangenschaft, und ein geheimnisvoller Weg bietet sich dar. Er führt nach innen, zu vielen Formen des Schweigens und der Stille, aber auch zu neuen Begegnungen und zu einer neuen Gegenwart. Solange unser Bewusstsein noch mit der Arbeit unseres irdischen Daseins verbunden bleibt, entsteht daraus eine neue Verbindung mit der Vergangenheit…Es entstehen Kontakte und Gespräche, deren Kraft die Berge ganzer Bibliotheken versetzt und deren Feuer die falsche Echtheit riesiger Materialhaufen verbrennt", (S. 61 f.). Solche geheimnisvollen Wege nach Innen und erleuchtende Begegnungen waren es dann offenbar auch, der den u.a. mit seiner Definition des „Begriff(s) des Politischen" als die „Unterscheidung von Freund und Feind" berühmt Gewordenen dazu brachten, die Frage nach dem Feind neu zu stellen: „Wer ist denn mein Feind…Wer kann überhaupt mein Feind sein…Wen kann ich überhaupt als meinen Feind anerkennen? Offenbar nur den, der mich in Frage stellen kann. Indem ich ihn als Feind anerkenne, erkenne ich an, dass er mich in Frage stellen kann. Und wer kann mich wirklich in Frage stellen? Nur ich mich selbst". Schmitts Räsonieren mündet in einer Warnung vor den Vernichtern, die sich damit rechtfertigen, dass man die Vernichter vernichten müsse. Denn „alle Vernichtung ist nur Selbstvernichtung". Sein Resümee: „Das ist die Weisheit der Zelle" (S. 89/90). Gefangenschaft als Voraussetzung für Selbst-Infragestellung, Selbst-Erkenntnis, heilsame Weltweisheit also – ex captivitate salus!

Ob und inwieweit Enzio während seiner Gefangenschaft solche geheimnisvollen Wege nach Innen gegangen ist, wissen wir nicht. Ungeachtet meiner Hoffnungen konnte ich auch aus dem in Bologna aufgefundenen Text aus seiner Feder insoweit keine weiterführenden Erkenntnisse gewinnen. Wem er auf solchen Wegen hätte begegnen können, wäre des phrygischen Sklaven Epiktet stoisches Meisterwerk „Enchiridion" gewesen oder des gefallenen Kanzlers Theoderich des Großen, Boethius, im Kerker verfasste Werk über den „Trost der Philosophie" – einem großartigen Dokument der Weltweisheit. Der äußere Abstieg wird für Boethius zur Voraussetzung für den inneren Aufstieg auf der Himmelsleiter seiner philosophischen Theologie. Im Kerker zu Pavia sucht und findet der seiner Hinrichtung Entgegensehende den „Trost der Philosophie", die sich ihm in der Lichtgestalt einer Dame nähert, die „mit dem Gipfel ihres Scheitels an den Himmel zu rühren scheint". Was ihn die hehre Dame lehrt, will er der Nachwelt überliefern – dass nämlich alle Glücksgüter nur auf Zeit gewährte Leihgaben des Schicksals sind. Die Worte, die er hierfür findet, haben über die Jahrhunderte nichts von ihrer Prägnanz und Wirklichkeitsnähe eingebüßt: „Ein ängstlich Ding ist nämlich die Lage der menschlichen Güter", heißt es da, „und eine Sache, die nie ganz zum Vorschein kommt oder sich nie beständig fortsetzt. Dieser hat Gold in Fülle, aber er schämt sich unedlen Blutes; den macht Adel bekannt, aber in dürftiges Vermögen gezwängt, möchte er lieber unbekannt sein. Jener hat an beidem mehr als genug, beklagt aber sein eheloses Leben. Jener, glücklich verheiratet, aber ohne Kinder, häuft sein Vermögen für einen fremden Erben; ein anderer, gesegnet mit Nachkommenschaft, weint traurig über die Vergehen des Sohnes oder der Tochter. Deshalb ist niemand leicht eins mit der Lage seines Geschickes; denn in einem jeden liegt etwas, was der, der es nicht erfahren hat, nicht kennt, wer es erprobt hat, schaudernd fürchtet …"

Ob den (zumal unter sehr viel besseren Bedingungen) seiner Freiheit beraubten Enzio solche Worte hätten trösten können, wissen wir nicht. Und wir wissen auch nicht, ob es lediglich eine Art von Resignation oder aber solche Einsichten waren, die ihn dazu brachten, in seinem Testament selbst seinen Kerkermeistern zu danken und ihnen alles zu verzeihen, was sie ihm an Leidvollem zugefügt hatten. Zumindest insofern scheint Enzio aus seiner Gefangenschaft seelisches Heil erwachsen zu sein, als er zu einer gewissen Einsicht in die Relativität aller Lebenserscheinungen und damit auch zu einem gewissen Maß an Seelenruhe gelangt zu sein scheint. Angesichts der Tatsache, dass selbst Enzios zumindest agnostizistisch, wenn nicht atheistisch gesinnter Vater auf dem Totenbett im apulischen Castel Fiorentino seinen Frieden mit der Kirche zu machen bemüht war, deren weltliche Ambitionen er zeitlebens vehement bekämpft hatte, ist nicht auszuschließen, dass es auch Enzio ein Trost war, dass ihn sein alter Gegner, der Kardinal Ottaviani, noch während seiner „Krankheit zum Tode" vom Kirchenbann freisprach. Auch Gesinnungs-Puristen sei insoweit die Devise des englischen Königshauses entgegengehalten: „Honni soit qui mal y pense"[1]!

In der Zusammenschau all dieser Beobachtungen und Erwägungen lässt sich nicht nur die für den Schicksals-

---

[1] Schande sei über den, der schlecht darüber denkt.

weg des letzten Staufers so charakteristische Verstrickung in nicht enden wollende Machtkämpfe samt deren vielfältigen Implikationen und Konsequenzen, sondern auch das für dieses Leben nicht minder charakteristische Motiv der Gefangenschaft samt deren ebenso vielfältigen Implikationen und Konsequenzen als überdeutliches Spiegelbild einer auch für den Lebensweg zahlloser anderer Menschen erkennbaren Befindlichkeit begreifen. Auch die Tatsache, dass Glanz und Elend dieses Lebens sehr nahe beieinanderlagen und selbst noch die von einem Schicksalsschlag überschattete zweite Lebenshälfte (genau besehen verbrachte Enzio die eine Hälfte seines Lebens in Freiheit und die andere in Gefangenschaft) vom milden Glanz vergleichsweise wohlwollender Begleitumstände umstrahlt war, ist ebenfalls kein Einzelfall. Während manche Menschen im Niedergang hart in Schmutz und Elend gestoßen werden, werden andere mit sanften Händen aufgefangen oder doch vor dem Schlimmsten bewahrt. Ein zeit- und raumübergreifendes Phänomen dies, dessen Hintergründe dem menschlichen Verstand von jeher Rätsel aufgegeben hat, zu deren Auflösung es zwar eine Reihe von Erklärungshypothesen gibt, die aber schon im Hinblick auf die potentiell metaphysische „Natur der Sache" noch niemals Aussicht auf allgemeine Akzeptanz hatten.

Mit anderen Worten: Soweit das aus der näheren Betrachtung von Enzios Schicksalsgeschichte Herausgefilterte alle Menschen (und damit auch dem Autor) gemeinsame Muster und Motive erkennen lässt, hätte es also „eigentlich" dieses Umweges nicht bedurft, um die – vom Autor durch seine Fixierung auf dieses Leben wohl un(ter)bewusst erbetenen – Botschaften und Impulse zu empfangen. „Much ado about nothing" (Shakespeare) also? Wer davon überzeugt ist, dass die kürzeste Verbindung zwischen zwei Punkten die Gerade ist, mag so denken. In vielen Lebenszusammenhängen scheint jedoch eher das Gegenteil der Fall zu sein. In besonderem Maße gilt dies im menschlichen Wahrnehmungs- und Erkenntnisfeld, wenn sich Punkt x als Frage und Punkt y als die bewusst oder unbewusst gesuchte Antwort darstellt. In solchen Fällen sind es oft genug jene „gewundenen Pfade", von denen Calderon de la Barca spricht, wenn er schreibt: „Dios escribe derecho su senderos torcidos" („Gott schreibt gerade auf krummen Wegen"), die in die „richtige" Richtung weisen. Die Gestalt dieser Wendungen und Windungen aber folgt den höchstpersönlichen Bedürfnissen, Bedingtheiten und Gesetzlichkeiten des bewusst oder unbewusst Erkenntnisse Suchenden. Rainer Maria Rilke war es, der diese Einsicht in seinen „Sonetten an Orpheus" (1, XII) in die folgenden Verse gekleidet hat:

> „Heil dem Geist, der uns verbinden mag,
> denn wir leben wahrhaft in Figuren.
> Und mit kleinen Schritten gehen die Uhren
> neben unserem eigentlichen Tag."

Diese „Figuren" sind es, die Lineaturen und Legaturen also unseres karmischen, astrologischen und genetischen Erbgutes, unserer Sozialisations-, Bildungs- und Begegnungserlebnisse, die darüber entscheiden, welcher Wege und Umwege wir bedürfen, um ins Innerste unseres Daseins geführt oder zuweilen auch geradezu gestoßen zu werden. Bei der Annäherung an das teils glanzvollglückhafte, teils schicksalsschwere Leben des im schwermütigen Lied einer ganzen anderen Epoche besungenen „einsamen König" ist dem Autor immer deutlicher geworden, dass er wohl gerade dieses Umweges bedurfte, um sich endlich sehr naheliegenden Bedingungen seiner eigenen Geschichte deutlicher zu stellen, als er je zuvor bereit war, dies zu tun. Auch bei dieser Einsicht sah er sich wieder von dem wohl feinfühligsten Dichter deutscher Sprache begleitet, der im ersten Teil seines Stundenbuches, dem „Buch vom mönchischen Leben" aus dem Jahre 1899 von folgender Erfahrung spricht:

„Und manchmal bin ich wie der Baum,
der reif und rauschend über einem Grabe
den Traum erfüllt, den der vergangene Knabe
(um den sich seine warmen Wurzeln drängen)
verlor in Traurigkeiten und Gesängen."

Sollte man da an den (uns bekannten) Traum denken, den „der alte Knabe" tatsächlich träumte – oder aber an den (uns nicht bekannten) Traum, den er hätte träumen können, aber verlor, weil er Unerreichbarem nachhing? Auch dies eine potentielle Schicksalhaftigkeit, die man der Betrachtung von König Enzios Leben zwar nicht direkt entnehmen kann, die aber als Frage im Raum bleibt, wenn man sich seinem Schicksalsweg zuwendet. Als eine Frage, die sich ein Jeder, der geneigt ist, in dieses Leben wie in einen Spiegel zu blicken, stellen mag oder gar stellen sollte. Dass dies auch für den Autor am Ende seiner Spurensuche gilt, liegt nahe. Jeder menschliche Entwicklungsweg ist ein höchstpersönlicher und daher auch besonderer. Ein Jeder und eine Jede lernt aus anderen Geschehnissen und Zusammenhängen. Das Abenteuer, das der Autor – zumindest verhalten – erwartet hatte, erwies sich als der Umweg, oder genauer: als die Wahrnehmung des Weges als Umweg. Viele andere, zumindest aber die Summe aller von ihm im Laufe seines Lebens wahrgenommenen Menschenschicksale hätten ihn wohl an denselben Erkenntnisrand führen können – aber sie vermochten es nicht, weil dies eben nicht sein Erkenntnisweg war. Und so verabschiedet er sich nun als Rilke'scher „Baum" von jenem einst jugendlich-strahlenden, in Bologna zum „alten Knaben" gewordenen „einsamen König", um den sich seine „warmen Wurzeln" drängten in Dankbarkeit – in Dankbarkeit, weil er es war, der ihm, dem gefühlten Sohn des schwäbischen Stauferlandes, erlaubte, im kognitiven und mentalen Kontakt mit ihm ebenso schlichte wie wichtige (aber als höchstpersönliche hier nicht näher auszubreitende) Einsichten gewinnen und so in des allbekannten italo-amerikanischen Sängers mit der Samtstimme Refrain einstimmen zu können „I did it my way".

Salvatorische Klausel

Der Autor hat sich bemüht, bei der Wiedergabe des „Gespräches" mit König Enzio so nahe wie (ihm) möglich an den historischen Quellen zu bleiben. Wo diese schweigen, sich als zwei- oder gar mehrdeutig erweisen, jedenfalls aber in der historischen Fachliteratur zu unterschiedlichen Interpretationen führten, hat er sich für die ihm wahrscheinlichste Version entschieden. Im Übrigen hat er sein Bedürfnis nach Wahrhaftigkeit und Authentizität mit der römisch-rechtlichen Maxime „Ultra posse nemo obligatur"[2] gestillt.

---

[2] Niemand kann zu mehr verpflichtet werden, als (ihm) möglich ist.

Historische Zeittafel

zu den im Gespräch mit Enzio erwähnten Personen und Ereignissen

1050	Geburt Heinrichs IV. (1056-1106), der dank seiner mit Herzog Friedrich I. von Schwaben (seit 1079) vermählten Tochter Agnes von Waiblingen in weiblischer Deszendenzlinie zum salischen Ahnherrn der Stauferkönige und damit mittelbar auch zum Namensgeber der „Ghibellinnen" (italianisierte Form von „Waiblinger") als Gegenspieler der „Guelfen" („Welfen") wurde.
1073	Wahl Gregors VII. zum Papst (1073-1085)
1093	Geburt Konrad III., des ersten Stauferkönigs auf dem deutschen Thron.
1120/1	Geburt Friedrich I, „Barbarossa", Enzios Urgroßvater (1152-1190)
1165	Geburt Philipps, Enzios Großonkel (1198-1208)
1167	Gründung des „Lombardischen Bunds" zur Förderung der gegen die kaiserliche Lehenshoheit gerichteten Unabhängigkeitsbestrebungen der lombardischen Städte.
1194	Geburt Friedrich II., Enzios Vater

1198	Krönung Friedrichs II. zum König von Sizilien in Palermo.
	Wahl Innozenz III. zum Papst (1198-1216)
1208	Ermordung König Philipps von Schwaben in Regensburg
1209	Vermählung Friedrichs II. mit Konstanze von Aragon
1211	(Erneute) Wahl Friedrichs II. zum deutschen König (Bekräftigung der Wahl von 1195)
	Geburt von Enzios Halbbruder Heinrich VII. (1222-1235 deutscher König)
ca. 1217/18	Geburt Enzios als Sohn Friedrichs II. und (laut Anerkennungsurkunde) einer deutschen Adeligen namens Adelheid. Dass ihr Familienname in der Urkunde nicht genannt wird, gab zu mancherlei Spekulationen Anlass. Genannt werden in der Literatur als mögliche Herkunftsfamilien die (späteren) Herzöge von Urslingen und die Markgrafen von Vohburg-Hohenburg. Trotz des Wortlautes der Urkunde wird in der Fachliteratur auch eine weniger vornehme Herkunft Adelheids für möglich gehalten.
1220	Kaiserkrönung Friedrichs II. in Rom durch Papst Honorius III. (1216-1227)

1222	Tod Konstanzes von Aragon
1225	Vermählung Friedrichs II. mit Yolante (Isabella) von Brienne, der Erbin des zu diesem Zeitpunkt noch von einem der Söhne Saladins besetzten Königreichs Jerusalem.
	Petrus de Vinea wird sizilianischer Hofrichter, später Protonotar und Kanzler („Logothet") Friedrichs II.
1227	Wahl Gregors IX. zum Papst (1227-1241)
1228/9	„Kreuzzug" Friedrichs nach Palästina und kampfloser Rückgewinn Jerusalems durch Vereinbarung mit dem ägyptischen Sultan Al-Kamil, einem Sohn Sultan Saladins, des einstigen Eroberers von Jerusalem.
1232	Geburt von Enzios Halbbruder Manfred
1233/4	Heirat Friedrichs II. mit der Markgräfin Bianca Lancia d'Agliano („in articulo mortis")
1236	Schlacht von Cortenuova
1237	Wahl von Enzios Halbbruder Konrad IV. zum deutschen König (1237-1254)
1239	Schwertleite und Legitimation Enzios
1239	Vermählung Enzios mit der Erbin der sardischen Judikate Torres und Gallura. Mit der Heirat erwirbt er den Titel eines

Rex Turrium et Gallurae und führt fortan den (vom Kaiser mehrfach ausdrücklich bestätigten) Titel eines Königs von Sardinien.

Ernennung zum Generallegaten des Kaisers für das oberitalienische *Regnum Italiae*.

1241	Heirat Friedrichs mit Isabella von England
1242	Tod Kaiser Heinrichs VII.
1243	Wahl Innozenz IV. zum Papst (1243-1254)
1246	Scheidung der Ehe Enzios mit Adelasia durch Papst Innozenz IV.
1247	Abfall Parmas
1248	Zerstörung der während der Belagerung Parmas neu errichteten Lagerstadt Victoria. Tod des Großhofrichters Theodor von Suessa.
1249	Selbstmord des wegen Korruption und Beteiligung an einer Verschwörung entmachteten und geblendeten Petrus de Vinea im Kerker zu Pisa.

Heirat Enzios mit einer Großnichte (?) Ezzelino III. da Romano in Cremona.
Schlacht von Fossalta. Gefangennahme Enzios durch die Bolognesen.

1250	Tod Friedrich II im apulischen Kastell Fiorentino.
1252	Geburt von Enzios Neffen Konradin
1254	Tod König Konrads IV.
1255	Tod von Enzios Halbbruder Friedrich von Antiochien.
1258	Krönung Manfreds zum König von Sizilien
1265	Belehnung Karls von Anjou, des Bruders König Ludwigs IX. von Frankreich („Ludwigs des Heiligen") mit dem Königreich Neapel-Sizilien durch Papst Klemens IV. (1265-1268)
1266	Niederlage und Tod Manfreds in der Schlacht von Benevent
1267	Aufbruch Konradins nach Italien.
1268	Niederlage und Gefangennahme Konradins in der Schlacht von Tagliacozzo. Verurteilung und Hinrichtung Konradins auf dem Marktplatz von Neapel.
1272	Tod König Enzios in Bologna. Bestattung im Kloster San Domenico.
1277	Tod Adelasias (laut einer im historischen Schrifttum in Frage gestellten) Zeitangabe auf ihrem Sarkophag im Schwarzen Dom von Ardara).

Quellen- und Literaturhinweise

Anders, H.F.
Der Verwandler der Welt. Friedrich der Zweite von Hohenstaufen, Stuttgart o.I.

Benrath, Henry
Die Kaiserin Konstanze, Stuttgart 1949

Blasius, Hermann
König Enzio. Ein Beitrag zur Geschichte Kaiser Friedrich II, Breslau 1862.

Boulle, Pierre
Der denkwürdige Kreuzzug Friedrich II von Hohenstaufen. Aus dem Französischen übertragen von Marianne Lipcowitz. Hamburg 1970 [1968].

Edschmid, Kasimir
Drei Kronen für Rico. Ein Stauferroman. Gütersloh 1958.

Engelhardt, Ingeborg
Im Schatten des Staufers, Stuttgart 1962

Engels, Odilo
Die Staufer. Stuttgart/Berlin/Köln/Mainz 1972

Frati, Lodovico
La Prigionia del Re Enzo a Bologna, Bologna 1902

Gesellschaft für staufische Geschichte e.V. (Hrsg.)
Das Staunen der Welt. Kaiser Friedrich II. von Hohenstaufen 1194-1250. Mit Beiträgen von Walter Koch, Theo Kölzer, Hans Martin Schaller u. Gunther Wolf.

Grossmann, Friedrich Wilhelm
König Enzio. Ein Beitrag zur Geschichte der Jahre 1239-1240, Diss. Göttingen, Berlin 1875

Heinisch, Klaus J.
Kaiser Friedrich II in Briefen und Berichten seiner Zeit, Darmstadt 1968.
- Kaiser Friedrich II. Sein Leben in zeitgenössischen Berichten, 2. Aufl., München 1977

Herde, Peter
Karl I. von Anjou, Stuttgart, Berlin, Köln, Mainz 1979

Horst, Eberhard
Friedrich der Staufer. Eine Biographie. Düsseldorf 1975.

Kohlrausch, Robert
Herrschaft und Untergang der Hohenstaufer in Italien, Jena 1926

Kantorowicz, Ernst
Kaiser Friedrich Der Zweite, Düsseldorf und München 1963

Lehmann, Johannes
Die Staufer. Glanz und Elend eines deutschen Kaisersgeschlechtes

Lewin, Waldtraut
Federico. Ein Roman über Friedrich II von Hohenstaufen, Tübingen 1958 ff.

Maschke, Erich
Das Geschlecht der Staufer, München 1943

Massina, Georgina
Das Stauen der Welt. Friedrich II von Hohenstaufen, Tübingen 1958 ff.

Miller, Arthur Maximilian
König Enzios Befreiung. In: Gesegneter Herbst. Hamburg o.J.

Mühlberger, Josef
Lebensweg und Schicksal der staufischen Frauen. Esslingen a. Neckar 1977
- Konradin von Hohenstaufen. Der Letzte eines großen Geschlechts. Esslingen 1982

Munch, Ernst von
König Enzio. Aus den Quellen bearbeitet mit Beilagen historisch-kritischen, poetischen und urkundlichen Inhalts. Stuttgart 1841

Pfister, Kurt
Kaiser Friedrich II, München 1942

Raumer, Friedrich von
Kaiser Friedrich II. Der Hohenstaufen und seine Zeit. Berlin 1943.

Solmi, Amigo
Il Sigillo del Re Enzo, in: Archivio Storico Sardo, edito dalla Società storica Sarda, Vol. IV, Fascicolo 1-1, Cagliari 1908

Sperle, Christian
König Enzo von Sardinien und Friedrich von Antiochia. Zwei illegitime Söhne Kaiser Friedrich II und ihre Rolle in

der Verwaltung des Regnum Italiae, Frankfurt am Main
2001

Stern, Horst
Mann aus Apulien.
Die privaten Papiere des italienischen Staufers Friedrich II,
römisch-deutscher Kaiser, König von Sizilien und Jerusalem, Erster nach Gott, über die wahre Natur der Menschen
und der Tiere, geschrieben 1243-1250. München 1986.

Streinen, Wolfram von den
Das Kaisertum Friedrichs des Zweiten nach den Anschau-
ungen seiner Staatsbriefe. Berlin und Leipzig 1922

Thornton, H.H.
The Poems ascribed to King Enzio, in Speculum. A Jour-
nal of Medieval Studies Vol.I, Nr. 4 (October 1926)

Wies, Ernst W.
Friedrich II. von Hohenstaufen. Messias oder Antichrist?
2. Aufl., Esslingen 2002

Willemsen, Carl A.
Kaiser Friedrich II und sein Dichterkreis. Staufisch-
sizilische Lyrik in freier Nachdichtung, Krefeld 1947

Impressum:

Manuela Kinzel Verlag

73037 Göppingen

Tel. 07165 / 929 399

info@manuela-kinzel-verlag.de
www.manuela-kinzel-verlag.de

Siegel von König Enzo auf dem Umschlag: aus dem historischen Archiv der Stadt Cagli, mit bestem Dank an den Stadtrat von Cagli (Pesaro und Urbino)

Wikimedia: Chiesa di Santa Maria del Regno (Ardara); 23 August 2013; Bildautor Francesco Bini
gemäß GNU-Lizenz (Creative Commons Attribution 3.0 Unported)
Original ist in Farbe; Link:
https://commons.wikimedia.org/wiki/File:Ardara,_santa_maria_del_regno,_ext,_02.JPG

Wikimedia: Casa_di_Re_Enzo; 10. Mai 2015; Gianni Careddu
gemäß GNU-Lizenz (Creative-Commons-Lizenz 4.0)
Original ist inf Farbe; Link:
https://upload.wikimedia.org/wikipedia/commons/e/ed/Sassari_-_Casa_di_Re_Enzo_%2809%29.JPG

ISBN 978-3-95544-132-6